소태산, 변산 행적과 말씀

변산전

글 · 방길튼

원불교출판사 WON BOOK

차례

06 프롤로그 『변산전』은 석두 거사로 자칭하며 변산에 주석하셨던, 변산시절 소태산의 행적과 법문을 이야기로 만든 각본이다

소태산, 변산 행적과 말씀
변산전邊山傳

11 웃녘으로 가세

23 쌍선봉 회향 기도

29 실상초당에 자리 잡다

38 교강을 선포하다

48 회성곡

56 법호를 주시다

63 석두암 짓고 석두 거사로 머물다

72 줄포장과 시봉의 길

80 돌이 서서 물소리를 듣다

87 돌이 구르니 강도 흐른다

92 산부처와 실지불공
101 인장바위와 제도의 묘방
107 바닷물을 되어 보았는가
113 숨은 도인, 내소사 공양주
122 청련암 험한 재와 일행삼매
128 도학골, 이 진사 이야기
134 곰소와 불쌍한 여인
141 정산로, 스승 향한 내왕의 길
151 전주는 들르지 말고 가보라
161 봄바람과 종곡유숙처
169 용두샘, 초심의 길
175 봉래계곡 물줄기와 만법귀일
185 장 구경과 자리이타
196 13세 각과 현묘한 자리
207 하산과 회상 공개
218 변산을 찾은 뜻을 알겠는가?

소태산, 변산 기연 법문

1. 만법귀일의 소식 **231** / 2. 변산구곡로 석립청수성 **232** / 3. 바닷물과 고기 수를 낱낱이 되어 보고 헤아려 보았노라 **233** / 4. 눈 치우기와 현묘한 자리 **234** / 5. 동천에서 오는 기러기 남천으로 갑니다 **236** / 6. 도가 그대의 묻는 데에 있느니라 **237** / 7. 석두암을 떠나지 않고 중생제도를 마쳤나니라 **237** / 8. 마음을 바로 잡는 방법 **238** / 9. 십삼세각이라 **240** / 10. 고로석두가 **241** / 11. 산 부처가 어디 계시나이까 **243** / 12. 구전심수의 맞춤복 **244** / 13. 등잔불과 아상 **247** / 14. 일행삼매 공부 **249** / 15. 말라가는 물웅덩이 속의 올챙이 **250** / 16. 법은 공적으로 처리하라 **252** / 17. 포수와 산돼지 **255** / 18. 맑은 기운과 월명암 **257** / 19. 똥이라도 먹을 신심 **257** / 20. 청법·시봉하는 재미 **258** / 21. 천력을

빌어서 **260** / 22. 제도의 묘방 **261** / 23. 적벽과 남천 **265** / 24. 이춘풍과 허무적멸 **268** / 25. 옹기 사고 파는 관계 **269** / 26. 통장수 통메기 **274** / 27. 내가 주는 그대로 받느니라 **275** / 28. 변태 되는 이치 **277** / 29. 상을 멸도하라 **278** / 30. 자공자급은 출가인의 직분 **279** / 31. 정신 앗아가는 마 **281** / 32. 존자와 천자 **282** / 33. 소탄 자의 이야기 **283** / 34. 재가와 출가 **286** / 35. 상덕과 하덕 **288** / 36. 운수의 공덕 **290** / 37. 나의 앞에 당하지 아니한 일은 쉬운 것 같나니라 **291** / 38. 사모의 경중 **293** / 39. 나래와 새끼 **295** / 40. 봉래정사 시절 추정법문 **297** / 41. 그 외 법문 **304**

307 참고문헌

309 에필로그 변산 바위가 드러날 때
도인이 콩 튀듯이 나오리라

프롤로그

『변산전』은 석두 거사로 자칭하며 변산에 주석하셨던, 변산시절 소태산의 행적과 법문을 이야기로 만든 각본이다

원기105년(2020)은 소태산 대종사의 교리강령教理綱領인 사은사요 삼학팔조를 선포한 지 백주년이 되는 해이다.

법法 생일인 경신년庚申年 음력 4월은 양력으로 5월 18일에서 6월 15일에 걸쳐 있으니, 편의상 5월 중하순에 기본교리인 사은사요 삼학팔조가 발표되었다고 할 수 있을 것이다.

필자는 사은사요 삼학팔조의 교리강령이 발표된 법 생일을 기념하여 『변산전』이란 제목으로 소태산 대종사의 변산시절 역사를 단막의 이야기로 꾸며보았다.

이 『변산전』 이야기는 약간의 각색이 포함되어 있다. 독자의 이해를 돕기 위해 다리를 놓거나, 뜻을 부각하기 위해 의미의 색깔을 덧칠하였다. 즉 사실에 해석을 투영하였으며, 때로는 의미가 같은 계열의 법문을 콜라주 형식으로 오려 붙이기도 했다.

더불어 『변산전』의 주인공인 석두 거사 소태산의 당시 모습인 윤기 나는 검은 턱수염과 상투 머리에 정자관을 쓴 모습을 재현해 보았다.

그리고 각본 형식인 『변산전』 뒤편에 변산과 기연된 '소태산의 법문'을 총합하여 모아놓았다. 『대종경』 법문의 저본뿐만 아니라 『대종경』 선외의 법문을 총망라했으며, 법문의 배경에 대한 설명도 필요한 부분은 붙여보았다. 변산 기연 법문에 대한 이해를 돕기 위한 작업이라 보면 좋을 것이다.

이로써 필자는 해야 할 일을 다 했다는, 마치 숙제를 마쳤다는 안도감이 든다.

아무쪼록 교강教綱 선포 백주년을 맞이하여 『변산전』이 원불교 문화에 접근하는 또 다른 방법이 되고, '변산 제법성지'를 기리는 한 역할이 되길 바란다.

원기105년 교강선포 100주년을 맞이하여,

"『변산전』이여!

석두 거사 소태산의 변산시절 역사를

사방팔방에 펼칠지어다."

원기105년 7월 7일

길산 방길튼 교무 합장

소태산, 변산 행적과 말씀

변산전 邊山傳

웃녘으로 가세

원기4년(1919) 음력 10월 20일.

구간도실에 표준제자 팔인八人 단원들이 소태산을 향해서 모여 앉았다. 단장 소태산은 단원 한 사람 한 사람과 눈을 맞춰가며 말문을 열었다.

"여러분들이 나를 만난 후 합심 합력하여 방언공사를 완공했고 백지혈인의 법인성사를 이루었고 또한 법인기도 해제까지 완수했으니 참으로 장하오."

단원들은 소태산의 격려에 지난 일들이 어제처럼 스쳐 지나갔다. 소태산은 말을 이었다.

"이제 나는 중앙단원 송규를 미리 보낸 변산에 입산하여 당분간 새 회상 창건 준비에 매진할 것이니 단원 여러분들은 힘을 합해 방언조합을 잘 관리해 주오."

소태산은 단원들에게 방언조합의 일들을 맡기고 웃녘[윗녘] 변산으로 가기 위해 행장을 차려 구간도실 마당에 나섰다. 팔인 단원들도 소태산을 배웅하기 위해 마당에 모였다. 단원들은 스승 소태산을 떠나보내려니 마음이 허전했다.

"잘들 있게나. 방언 관리 잘하고 …."

소태산은 단원들의 마음은 아랑곳하지 않고 당부를 이어갔다.

"방언 둑이 무너지지 않도록 수시로 점검도 하고, 염독을 빼야 하니 자주 물을 넣어다 뺐다 하게나."

소태산의 계속된 당부에 김광선 단원이 걱정하지 마시라는 심정으로 답했다.

"제가 전에 구멍 났던 방언 둑을 맨몸으로 막지 않았습니까? 둑이 무너지려 하면 또 몸으로 막지요. 뭐~ "

소태산과 단원들은 그만 박장대소하였다.

"창건, 이제 출발하세나."

소태산은 동행할 오창건 단원을 재촉했다. 그러자 이순순 단원이 소태산 앞에 나섰다.

"스승님, 저희가 회중시계를 모았습니다. 경비로 쓰셨으면 합니다."

회중시계는 법인기도 때 기도 시간을 맞추도록 단원들에게 마련해 준 것이다.

"고맙네. 우리 형편이 여유롭지 못해 다시 거두게 되어 미안

하이. 잘 쓰겠네."

단장 소태산이 오창건 단원과 선진포로 향하자 다른 단원들도 따라나섰다. 소대산은 선진포에서 단원들의 배웅을 받으며 웃녘으로 향하였다. 웃녘은 선진포를 건너 법성을 지나 발막, 공음을 거쳐 변산으로 향하는 200리 장도長途였다.

하루 지나 드디어 소태산 일행은 변산 월명암에 도착하였다. 능가산[변산] 법왕봉 8부 능선에 자리 잡은 월명암은 학명鶴鳴 스님에 의해 재건된 암자였다. 이 월명암에 소태산의 명을 따라 구인九人 단원의 중앙인 송규가 이미 파견되어 삭발한 채 승려 생활을 하고 있었다.

오창건

월명암(박창기 촬영)

송규는 환희 용약하였다. 근 석 달 보름 만에 뵙는 소태산 스승님과 오창건 단원이 너무도 반가웠다.

소태산은 월명암에 다시 와 송규를 만나니 지난 일들이 스쳐 지나갔다. 소태산은 창건에게 말했다.

"방언공사가 완공될 즈음 공사자금 출처로 조사를 받았지 않았는가? 그때 한 일주일 경찰서 신세를 졌지."

오창건은 두 눈을 부릅뜨고 울분을 토했다.

"그때를 생각하면 성이 가시지 않습니다. 조합원들이 합심하여 출자한 자금을 어디서 났냐고 억지 조사를 하더니 스승님을 차디찬 경찰서에 일주일이나 잡아두지 않았습니까?"

"영광 서署 신세를 지고서 휴양이 필요하다 여겨 그때 월명암을 찾지 않았는가?"

"예, 제가 동행하였지요. 봄기운이 완연한 때였습니다."

"월명암에 10여 일간 있었지!"

"스승님께서 영광에서 아침에 부안 변산 쪽을 바라보시고 허공 중천에 맑은 기운이 어려 있다 하셨잖습니까?"

"자네와 이곳에 와보니 대중들이 선禪을 나고 있었지 않았던가. 선 나는 도량이라 맑은 기운이 서렸던 것이네."

"당시 스승님께서 월명암에 들어서시어 벽에 걸려 있는 불여만법위려자시심마不與萬法爲侶者是甚麽 편액을 보시고 바로 그 뜻이 훤히 떠오르지 않았다 하셨지요?"

"방언공사로 심력을 과로하게 써서 정신 기운이 약해진 것이네."

"정신 기운이 약해지면 어떻게 해야 합니까?"

"정신 기운은 쓰기만 하면 어두워지므로, 이제 정신 기운을 함축하는 수양 시간을 가지려 하네."

단장 소태산과 단원 오창건은 묵묵히 차를 들었다. 이윽고 소태산이 말문을 열었다.

"자네는 '시심마是甚麼'가 무슨 뜻인지 아는가?"

"깊을 심甚, 무엇 마麼. 뜻만 가지고는 잘 모르겠는데요. 절집에서 쓰는 말 같습니다."

"'이것이 무슨 뜻인고?'라는 말인데, 순간 '시심마'란 말이 무슨 뜻인지 몰라 속으로 부끄러웠네."

"그게 부끄러울 일인가요?"

"모르는 것은 모르는 것일 뿐인데 모른다는 경계에 걸려 매인 것이지. 모르는 줄 아는 정신이 순간 어두워진 것이네."

"대각을 하시면 모를 것도 어두워질 것도 없지 않나요?"

"그렇지 않네. 모르는 것은 배워야 알 수 있고, 혹여 정신이 어두워지면 영명한 그 자리를 다시 밝히고 밝혀야 하네."

"대각을 해도 모르는 것은 묻고 배워야 한다는 것이네요."

"그렇지. 차 한잔을 마시며 '불여만법위려자'만 찬찬히 연마해 보니 그 뜻이 한 생각을 넘지 않았네. 그 옆에 걸린 '만법귀일일귀하처萬法歸一一歸何處'의 뜻도 바로 환해졌지."

오창건도 당시를 떠올리며 말을 이었다.

"스승님께서 저와 한담을 나누는 사이 학명 스님이 객실에 들어오셨지요."

소태산도 당시의 강인한 인상을 내뱉듯이 말했다.

"객실에 들어오시는 학명 스님은 학처럼 고고했고 그 기운이 청명한 분이셨지."

소태산은 영광에서 부안 변산 쪽을 바라볼 때 아침 하늘에 맑은 기운이 뜬 것은 바로 학명의 맑고 밝은 기운이었음을 직관했다.

소태산은 학명 스님과 나누었던 당시의 대화를 떠올렸다.

"어디에서 오셨습니까?"

"저는 영광 백수 출신입니다."

"소승과 동향입니다. 건장한 체구로 보아 일전에 불갑사에서 만난 적이 있지요."

"예, 저는 한때 불갑산 해불암 건너편 용문암에서 얼마간 수양하고 있었습니다. 그때 수행이 깊다는 소문이 자자한 스님을 뵙고 싶었는데 해불암에 내왕하신다고 하여 찾아뵌 적이 있습니다."

"해불암에 제 은사님이 주거하고 계시어 종종 찾아뵙고 시봉도 하였지요. 그때는 아직 완전한 견해를 얻기 전이라 소문이 자자한 것은 다 허망한 일입니다."

"대중에게 법설하시는 것을 청법한 적도 있습니다."

"깨치기 전이라 별 도움도 되지 않을 과거사입니다."

"그렇지 않습니다. 도움이 되었습니다."

"보아하니 큰일을 하시는 분 같습니다."

"제가 태어나고 성장한 길룡리는 산중 갯벌이라 농사지을 땅이 없습니다. 그렇다 보니 다들 자기 논을 갖는 게 소원이라 몇몇 제자들과 갯벌을 막아 농지를 만들었습니다."

"그런가요. 나도 무위도식이 없도록 반농반선半農半禪의 선농일치禪農一致를 주장하고 있소이다. 이제 불법은 생활을 떠나서는 안 될 것입니다."

"그렇지요. 앞으로는 불법이 생활이고 생활이 불법이 되어야 할 것입니다."

20대 후반의 소태산과 50대 중반의 학명은 몇 마디 주고받은 문답에 의기가 통했다.

위가 터지고 세 봉우리가 진 뾰쪽한 2층으로 된 정자관程子冠을 쓴 처사 모습의 소태산은 학명 스님에게 한 가지 부탁을 드렸다.

"제가 사람 하나를 보낼 것이니 받아 주실 수 있겠습니까?"

"법기法器라면 마땅히 받겠소이다."

10여 일을 머문 소태산은 사람 하나를 보내겠다는 부탁과 함께 장래사를 기약한다는 말을 남기고 다시 영광 길룡리로 환고향했던 것이다.

몇 달만인가. 다시 월명암을 찾은 소태산은 감회가 새로웠다.

"오늘도 이곳은 선禪 중이구나. 역시 학명 스님이 계시니 도량이 청정하네그려."

소태산은 상투를 틀고 말총으로 짠 정자관程子冠을 쓰고 턱수염까지 기른 유생의 모습이었다. 유생들이 집안에서 착용하는 관모冠帽인 정자관을 쓴 거사 차림으로, 또는 송규의 외삼촌으로 불리며 스님들 틈에서 함께 동선冬禪을 났다.

영광 불갑사 아랫마을 방마리 출신인 학명은 반가이 동향의 소태산을 맞아주었다. 학명과 소태산은 같은 토끼띠로 24살 차이였다. 학명은 자신의 거처를 내주고 자신은 법당 방을 사용했다. 학명과 소태산은 심기가 통했다. 생활불교로 불교혁신자로 서로서로 마음과 마음이 기운과 기운이 통했다.

소태산은 스님들과 함께 입선入禪하였다. 대각 이후 저축조합 방언공사 법인기도 등으로 숨 가빴던 일들을 다 쉬어버리고, 또한 고단하게 했던 일제의 억압도 다 털어버렸다. 대안정에 들어 쉬고 또 쉬었다.

월명암 도량은 선禪 기운으로 충만했다. 요사채에서 사미승과 기거하고 있던 송규는 산책에 나선 소태산을 발견하고 따라나섰다. 한동안 소태산의 뒤를 따르던 송규가 여쭈었다.

"스승님, 이렇게 험지인 변산에 저를 먼저 보내고 스승님까지 입산하신 이유가 무엇인지요?"

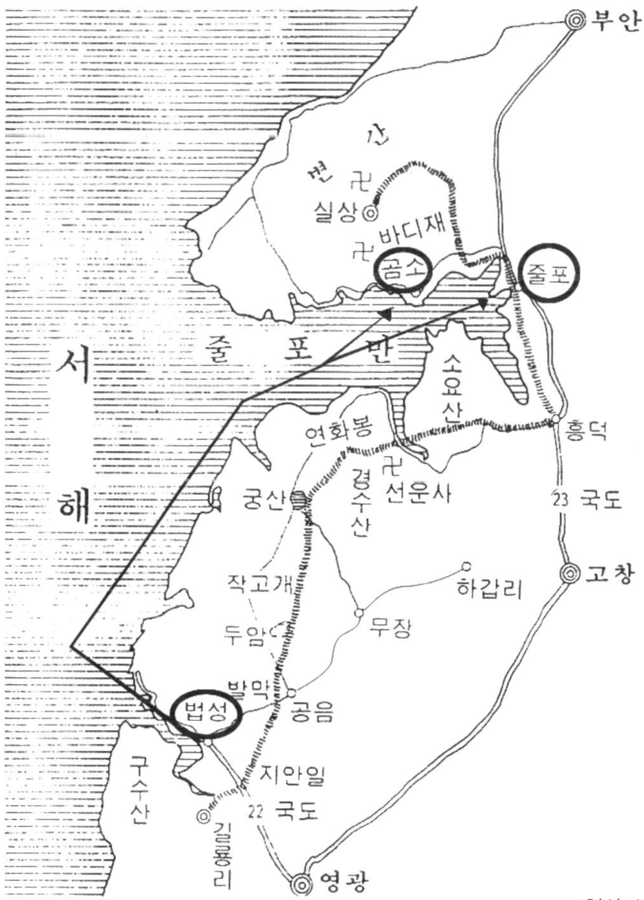

영산–변산 간 노정

소태산은 가던 걸음을 멈춰 서서 저 멀리 영광 쪽을 바라보며 회상에 잠기는 듯했다. 소태산이 잠시 후 말문을 열자 파르스름한 삭발 머리의 송규는 귀를 쫑긋 세웠다.

"먼저 험난한 시국에 중인의 지목을 피하기 위함이다. 무산자인 우리들이 방언공사를 이뤄냈고 구인단원들이 모여서 산상기도를 하는 단결을 보이니 당국이나 주변 사람들의 의심이 많아졌지 않은가? 그러니 사람들의 지목으로부터 피해 있을 필요가 있어서 입산한 것이다."

소태산은 다정하게 송규를 바라보며 말을 이었다.

"그리고 다년간 복잡하던 정신을 휴양하기 위해서다. 자네도 알다시피 내가 대각 이후 표준제자 8~9인을 선정하고서 단원들과 함께 저축조합 방언공사 법인성사를 이루었지 않은가? 사람의 기운은 쓰면 고갈되는 법이니 기운을 함축하기 위해서도 휴양이 필요하여 입산한 것이다."

"또한, 회상 창립의 교리와 제도를 준비하기 위함이다. 자네를 먼저 월명암에 보낸 것도 새 회상의 교리와 제도를 연마하고 준비하기 위해서이다. 교리 강령을 발표하고 미래 시대에 적합한 제도를 준비하려고 입산한 것이니 이 점을 명심해야 할 것이다."

잠시 침묵하던 소태산은 다시 말을 이었다.

"끝으로 사방 인연을 연락하여 회상 공개를 준비하기 위함이다. 이곳에서 인연들을 만날 것이고 또는 새 인연을 만나기 위해 자네를 변산 밖으로 내보기도 할 것이다. 방죽을 파면 고기가 모이듯 인연들이 모여들 것이다. 때가 되면 회상을 공개하기 위해 하산할 것이다."

듣고 있던 송규는 고개를 끄덕이며 말을 보탰다.

"그래서 저를 월명암에 보내시며 불교의 교리와 제도를 살펴보라 하신 것이군요."

소태산은 송규에게 단호하게 말했다.

"앞으로 해야 할 일이 많을 것이나. 내안정에 들어 교법의 강령을 제정하는 일부터 해야 할 것이다."

송규는 소태산의 크나큰 계획을 가슴에 담고 담았다.

변산이라고도 부르는 봉래산에 입산하여 스님들 사이에서 상투 머리에 수염을 기른 처사의 모습으로 선을 나는 소태산의 웅지를 의구依舊한 봉래산마저도 알 길이 없었다. 미래 시대를 구원하고 제도하는 법法을 짜리라는 큰 뜻을 어느 누가 알겠는가. 소태산은 월명암을 한숨에 삼키었고 변산을 한 걸음에 들이마셨다.

코멘터리Commentary

소태산과 학명의 인연이 언제부터인지?

정설은 변산에서 첫 만남이 시작되나 이야기 구성상 소태산의 구도 과정에서, 불갑사에서 일차 만남이 있었다고 각색하였다.

또한, 화두에 대한 소태산의 태도이다. 소태산은 화두 해결을 앎의 차원보다는 실행의 차원에 포인트를 둔 듯싶다. 그러므로 상황에 따라 양성 과정이 요구된다는 점을 강조한 것이다. 이런 점을 이야기 속에 각색해 넣었다.

〈월명암〉 도량은 법당채와 요사채 그리고 선방이 있었다. 소태산 대종사가 임시 기거했던 법당채는 지금의 대웅전 앞마당에 있었고, 법당채 왼편에 요사채[정산종사 기거]가 있었다. 소태산은 법당채 오른쪽 주지방에 임시기거[학명은 주지방을 내주고 가운데 법당에 기거]하였고, 현재의 사성선원 자리에 있었던 2칸 장방[선방]에서 대중과 선을 났던 것이다.

쌍선봉 회향 기도

원기4년(1919) 음력 10월 26일.

평소 같으면 3·6 예회일로 산상기도 날이었다.

그날따라 푸르디푸른 하늘 아래에 구름이 쌍선봉雙仙峰을 스쳐 지나치곤 했다. 쌍선봉은 월명암을 끼고 저만치 병풍처럼 펼쳐져 있었다.

소태산은 월명암에 온 뒤 닷새째 되던 날, 송규와 오창건을 불렀다. 같이 온 박세철은 이미 영광으로 돌아간 상태였다.

"쌍선봉에 가세나."

소태산은 벌써 산에 오를 채비를 한 채로 기다리고 있었다. 삭발하여 파르스름한 머리의 송규는 두 손을 모으고 소태산에게 여쭈었다.

"스승님, 쌍선봉은 어인 일로 가려 하십니까?"

쌍선봉

"법인기도 회향을 해야겠네."

창건이 궁금한 듯 여쭈었다.

"법인기도 해제는 영광 구간도실에서 올리지 않았습니까?"

소태산은 송규와 창건을 그윽이 바라보면서 대답했다.

"법인기도 해제 때 중앙인 송규는 월명암에 파송된 관계로 참석지 못했으니 오늘 해제를 다시 하자는 것이네."

두 제자가 말이 없자 소태산은 빙그레 웃을 뿐이었다.

"송규는 중앙이고 창건은 중앙을 대리한 적이 있지 않나. 송규와 창건은 단원들을 대표하여 법인기도의 기운을 이곳 변산으로 돌리는 회향기도를 올리자는 것이야."

소태산은 두 제자에게 어서 쌍선봉에 가서 회향기도 올리자고 재촉했다.

"쌍선봉은 월명암에서 얼마 떨어지지 않은 봉우리 아닌가. 어서 가세나."

송규와 창건은 소태산의 재촉에 기도 올릴 초와 향 그리고 청수병 등을 간단히 챙기었다.

"오늘 기도하기 좋은 날씨 아닌가?"

소태산은 날씨마저 좋다며 앞장서서 쌍선봉을 향하였다. 소태산의 뒤를 따르던 송규가 말하였다.

"쌍선봉은 두 신선이 산봉우리가 되었다는 전설이 있습니다."

"낙타 쌍봉 같은 저 봉우리가 바로 두 신선이라는 것이네요."

창건이 재밌다는 표정으로 맞장구치니 송규는 다시 말을 이었다.

"젊은 이성계가 변산에 들어와 두 노인에게 간청하여 수련을 할 때인데, 한 분은 문文을 한 분은 무武를 지도하여 이성계에게 문무를 겸하도록 한 뒤 두 봉우리가 되었다는 전설이 있습니다."

소태산은 송규를 바라보며 말씀하셨다.

"재밌는 전설이구나. 그렇다면 더욱 잘 되었다. 이곳에서 법인기도의 기운을 회향시켜 영육이 쌍전되고 이사가 병행되며 정신과 물질이 아우르고 동과 정이 일관되는 교법을 제정토록 기도하자."

어느덧 쌍선봉 정상에 오르자 송규와 창건은 청수병에 물을 담고 촛불에 불을 붙이었다. 소태산은 변산 앞바다를 바라보며 합장한 채 눈을 지그시 감았다. 송규는 향을 살라 허공에 큰 원을 그린 후 진설하였다. 소태산은 영광 쪽을 향해 발원문을 올리었다.

“발원하옵나이다. 법인기도의 정성이 이곳 변산으로 옮겨와서 정신과 물질이 병행되고 영육을 쌍전하며 공부와 사업이 병진되고 동과 정을 아우르고 모든 교법을 두루 통합하여 하나로 넘나들게 하는 그러한 대법이 짜이도록 하옵소서. 일심으로 비옵나이다.”

소태산의 간명하면서도 사무치는 발원은 쌍선봉을 울리었고 변산 앞바다를 향해 퍼져나갔다.

발원문을 올린 후 소태산과 송규와 오창건은 한동안 푸른 허공이 되어 쌍선봉과 함께 입정에 들었다. 얼마가 지났을까. 한 줄기 바람이 소태산의 얼굴을 감싸고 지나갔다.

소태산은 출정한 후 송규와 창건에게 미소를 지었다.

“영산에서 실현한 법인의 등불을 이곳 변산으로 옮겨와 제법의 등불로 새롭게 점등點燈하자는 것이다.”

소태산의 웅대한 뜻이 변산과 서해를 감싸 안았다. 송규와 창건은 일어서서 사방 천지에 절을 올리었다. 소태산은 두 제자의 모습을 다정하게 바라보았다.

절을 하던 오창건이 무언가 발견한 듯 말했다.

“스승님, 저 앞에 섬이 보이는데요.”

송규가 말했다.

“하섬입니다. 섬 모양이 새우등같이 약간 굽었다 하여 새우

하蝦, 하섬이라 합니다."

소태산은 찬찬히 둘러보더니 말문을 열었다.

"저 심 참 질 생겼구나. 바다에 연꽃이 떠 있는 듯하다."

송규가 말했다.

"그러면 연꽃 하荷, 하섬이라 부르지요."

오창건이 말했다.

"연꽃 하, 하섬. 그것참 좋습니다."

소태산은 그저 '허허' 웃을 뿐이었다. 송규와 오창건도 따라 웃었다. 쌍선봉 정상에서 스승과 제자의 웃음소리가 서해를 향해 울리었다.

쌍선봉에서 올린 법인기도 회향은 법계의 기도였고, 법계의 계획이었고, 법계의 축제였다. 쌍선봉 하늘에 푸른 서기가 가로질렀다. 광활한 기운이 서리었다.

하섬

코멘터리Commentary

소태산 대종사가 중앙 송규와 단원 오창건과 함께 월명암에서 쌍선봉 왼쪽 봉우리를 지나 오른쪽 봉우리에서 법인기도 회향을 올렸다 한다.

그런데 왜 소태산 대종사는 쌍선봉에서 법인기도 회향을 하셨을까?

이러한 질문에 대해 본 이야기에서는 쌍선봉의 쌍봉 이미지를 따라 소태산의 영육쌍전·이사병행의 사상을 겹쳐 떠올려 본 것이다.

영광의 법인기도 기운을 돌려서 변산 쌍선봉에서 쌍전·병진·병행 사상에 맞는 교법을 제정하겠다는 뜻으로 풀어보았다.

"우리가 건설할 회상은 과거에도 보지 못하였고 미래에도 보기 어려운 큰 회상이라 그러한 회상을 건설하자면, 그 법을 제정할 때 도학과 과학이 병진하여 참 문명 세계가 열리게 하며, 동動과 정靜이 골라 맞아서 공부와 사업이 병진하게 하며, 모든 교법을 두루 통합하여 한 덩어리 한 집안을 만들어 서로 넘나들고 화하게 하여야 하므로, 모든 점에 결함이 없이 하려 함에 자연 이렇게 일이 많도다." 〈『대종경』 서품 8장〉

또한, 변산 입산 시 소태산 대종사와 동행했던 제자로 오창건 단원〈『불법연구회창건사』〉 또는 박세철 단원〈『대종사 약전』〉이 문헌에 따라 다르게 등장한다. 이에 본 이야기에서는 변산 입산 시 오창건과 박세철이 함께 동행했고 박세철은 쌍선봉 기도 전에 영광으로 돌아갔다고 설정했다.

실상초당에 자리 잡다

기미년己未年 월명암의 동선冬禪은 맑고 청량했다. 거사 모습의 소태산은 그 웅대한 깨달음을 감추고 감추었다. 그 누구도 눈부신 빛을 알아보지 못했다. 다만 학명만이 소태산의 빛에 빛으로 맞이했다.

절 생활은 곤란했다. 학명의 주지 방을 빌려 쓰는 입장에서 소태산은 거처가 필요했다. 더군다나 찾아오는 인연들로 인해 월명암에 계속 있을 수는 없었다. 소태산을 찾아온 인연들은 김제 금산사에서 만난 도꾼들이었다.

"어서들 오게나. 험로에 오느라 수고가 많았네."

구남수, 이만갑, 장정수 등이 원평에서 찾아왔다.

"스승님, 스님들과 함께 지내느라 불편이 많으시지요?"

"아닐세. 이렇게 맑고 맑은 도량에서 선禪을 나니 이보다 더한

금산사 송대(오른쪽)와 미륵전(왼쪽)

행복이 어디 있겠나."

"스승님을 만난 지가 벌써 서넛 달이 넘어가네요."

"음력 8월쯤이지. 김광선과 휴양차 금산사에 갔을 때 여러분들과 인연이 되었었지. 자네들이 금산사 송대에서 김광선과 짚신 삼고 있는 나에게 들락거리며 공양도 올리고 인연을 걸지 않았나."

같이 동행한 송적벽이 자랑하듯 말했다.

"그때 제가 금산사 송대를 주선해 드렸지요?"

"맞네. 송규 소개로 자네를 만나 금산사 송대에 거처를 얻게 되었지!"

"스승님이 그때 실신한 스님을 살려내지 않았습니까? 이마에 열십자[十]를 긋고 묵념을 드리니 회생했잖아요?"

"그런 소리 말게. 머리를 어루만져 주고 심신을 편히 해주니 혈기가 돌아 정신이 돌아온 것이네."

"그런데 일경이 스승님을 조사한답시고 김제 경찰서에 구류시켰잖아요?"

"일주일 김제서에 신세 지었지. 밥도 주고 잠도 재워주고 세상에 이보다 좋은 곳이 없더구먼."

소태산의 태평한 말에 송적벽은 "그런 곳이 아니에요." 하며 고개를 저었다.

"당시 음력 9월 19일이 증산 천사께서 돌아가신 지 10년 되는 증산 탄신인지라, 사람들이 증산 선생의 환생을 기다렸는데 그 사건으로 다들 스승님이 그분이 아니신가 했지요."

"허허, 그러면 내가 올해 열 살인가? 적벽, 증산 선생은 증산이고 나는 나일 뿐이네."

"제가 헛소리했나 보군요. 증산 천사께서 '내가 금산사에 가서 불량답佛糧畓이나 차지하리라.' '내가 금산사로 돌아가리니 나를 보고 싶거든 금산사로 와서 미륵불을 보라.' 하시었기에 스승님이 증산의 환생 아닌가 미륵불이 아닌가 그런 생각이 들었습니다."

송적벽의 관심사에 소태산은 기운을 돌렸다.

"적벽, 그런 생각이 들거든 내가 하는 법문 잘 듣고 먼저 관심입정에 들게나."

"관심입정觀心入定은 어떻게 해야 들 수 있나요?"

"금산사 송대 문미에 일원상을 그렸는데 자네 보았는가?"

"예, 문 입구에 동그라미가 그려 있는 것을 언뜻 본 적이 있습니다."

"그 뜻을 알겠는가?"

"저희야 그냥 동그라미인 줄 알지요."

"이 자리에 들면 입정이 되어, 부처가 되는 소식도 미륵불의 소식도 알 수 있을 것이네."

그들은 소태산의 이러한 행적과 말씀에서 희망의 빛을 본 것이다. 어떤 이에게는 새로운 도덕의 길로 보였고, 어떤 이에게는 세상을 변혁해줄 소망으로 보였고, 어떤 이에게는 신통으로 일거에 새 세상을 바꾸어줄 기대였다.

월명암에 이처럼 소태산을 향해 무시로 인연들이 찾아들었다. 소태산은 학명 스님에게 청했다.

"스님, 제 처지가 월명암에 오래 신세 지을 수 없는 형편이니 머물만한 곳을 주선해 주셨으면 합니다."

"알겠네. 실상사 옆집이 나온 듯하니 실상사 주지 스님과 상의해 보겠소."

드디어 학명 스님의 소개로 실상사 부도가 있는 주변의 땅을 소개받게 되었다.

이 땅은 실상사 소유의 대지와 배 씨라는 사람의 살림집이었다. 배 씨의 두 칸짜리 집과 근방의 논 너 마지기와 밭 경작권을 사들였다.

“남천과 적벽, 방 하나를 들여야겠네.”

“예, 스승님.”

“방이 두 개는 있어야 남녀가 따로 쓸 수 있을 것이네.”

적벽은 흙과 짚을 섞어 양쪽 판 사이에 다져 넣었다.

“남천, 힘 있게 치게나.”

“허허, 이건 토수 전공 아닌가?”

남천과 적벽은 서로 교대해 가며 판축을 다지듯 벽을 쌓아갔다. 두 판 사이에 짚을 섞은 흙을 넣고 떡방아를 치듯 다지었다. 드디어 방 한 칸을 들이니, 초가삼간 실상초당이 되었다.

초당 뜰에는 영산홍이며 목단과 작약을 심었고 매화도 심었다. 초당 맞은편에 헛간을 두었고, 초당 옆에는 연못 웅덩이도 있었다.

송규는 실상초당이 증축되었다는 소식에 짬을 내어 월명암으로부터 내려왔다. 소태산을 바라보며 감회어린 얼굴로 말하였다.

“변산 입산 후 스승님의 실질적인 주거지가 확보되었네요. 감개무량합니다.”

“변산 입산 시 구인단원들이 경비에 보태 쓰라며 모아준 회중시계를 팔아서 매입에 보태었고, 비용 일부는 이만갑 등이 대었

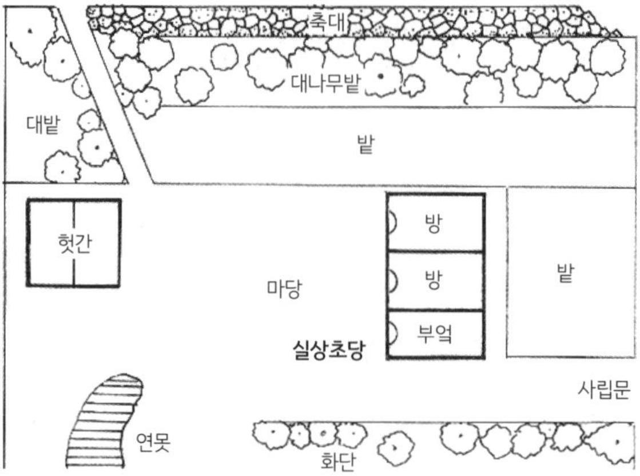

실상초당 배치도

지 않은가. 모두에게 고마울 뿐이네."

일갑도 아닌 만갑이라는 법명처럼 푸줏간 안사람인 그녀의 공덕은 소태산에게 큰 힘이 되었다. 이만갑의 신심은 똥이라도 먹으라면 먹을 신성이었다.

"송규, 회중시계 하나는 자네가 보관하게. 하나는 남겨야 할 듯하네. 우리의 역사 아닌가."

송규는 소태산이 건네주는 회중시계를 소중히 받아들었다.

회중시계

초가삼간 실상초당에는 송적벽과 김남천 그리고 김남천의 딸 김혜월과 외손녀 이청풍이 함께 했다. 가운데 방은 여자들이 사용했고, 새로 들인 윗방은 소태산과 남자 제자들이 사용했다. 송규가 밤중에 월명암에서 내려와 소태산과 문답할 때도 이 윗방에서 함께 하였다.

실상초당의 생활은 간고했다. 소태산은 이러한 간고함 속에서 휴양에 주력하고자 했으나 영광·원평·전주 등에서 제자들이 수시로 찾아들었다.

"스승님, 정규입니다."

전주 사람 문정규는 김남천과 친구였다. 늙은 몸으로 험로를 넘어 소태산을 찾아온 것이다.

"스승님, 원평에서 구남수도 왔습니다. 이만갑도 왔습니다."

"이렇게 험한 길을 무슨 일로 이처럼 자주들 찾아오나?"

소태산의 안쓰러운 표정에 제자들은 말했다.

"저희는 스승님을 뵈옵는 것이 기쁨입니다. 저희를 멀리하지 마십시오."

소태산은 제자들의 출입이 잦아 번잡했으나 이들의 정성에 감동하여 흔연히 맞이해 주었다. 조석으로 설해주는 법문에 제자들은 심신이 상쾌하여 험로를 오가는 데 피로를 느끼지 않았다. 제자들은 낮에는 산전山田을 개간하고 밤에는 법석에 참여하여 법설 듣는 청법낙도로 재미를 삼았다.

소태산은 실상초당에서 주로 관심입정觀心入定하는 방법과 견성성불見性成佛하는 방법을 설하셨다.

"자! 마음 바탕을 직시하게나. 번뇌가 치성해도 그 마음에 끌리지 말고 번뇌인 줄 아는 마음 당처를 관하여 보게나."

실상초당 터

"그러면 부처 자리를 곧바로 볼 수 있어 부처가 될 수 있네. 알겠는가?"

실상초당은 마음을 관하여 입정에 드는 도량이요, 성품을 보아 부처가 되는 도량이었다.

코멘터리Commentary

"대종사, 월명암에 계실 제, 전주 김제 등지에서 송적벽宋赤壁 등[송적벽·김남천·김혜월·이청풍]이 달려와 모시기를 원하는지라, 그 해[원기4년·1919] 음 12월, 봉래산 중앙지인 실상사 옆 몇 간 초당에 거처를 정하시고, 몇몇 제자[송규·송도성·오창건 등]로 더불어 간고한 살림을 하시면서 심신의 휴양에 주력하시었다. 그러나 새해[원기5년·1920]부터 영광·김제·전주 등지의 신자들이 은연중

서로 소식을 통하여 그 심산궁곡에 찾아오는 사람이 차차 많아지는지라, 대종사, 그들의 정성에 감응하시어, 매양 흔연 영접하시며 조석으로 설법하시니, 당시의 법설 요지는 대개 관심입정觀心入定과 견성성불하는 방법이었다." 〈『원불교 교사』〉

◎ 실상초당을 마련할 때 근방의 논 너 마지기와 밭 경작권을 사들였다는 기록이 있는데, 밭은 실상초당 주변이라면 답畓은 인근의 답171번지로 여겨진다. 왜냐하면 실상동 내에는 대부분 전田으로 답[논]은 이곳이 유일하기 때문이다. 구전에 의하면 봉래정사 사람들이 농사 지었다고 전해오며, 현재는 답171번지에 국립공원 '자생식물관찰원'이 자리 잡고 있다.

교강을 선포하다

거북바위에서 다람쥐가 무언가를 한 볼 가득 머금고 있었다. 발소리에 다람쥐는 후다닥 뒷산으로 숨어들었다. 석장錫杖을 집고 저벅저벅 오르는 인기척은 학명 스님이었다. 월명암에서 실상사를 거쳐 봉래정사 석두암에 오신 것이다. 실상초당을 지나 거북바위로 오르는 길은 푸르름으로 가득했다.

소태산은 학명의 방문을 뜻이 통하는 지기로 맞이했다. 석두암 현판도 학명 선사가 써 주신 것으로 석두암 오르는 길에 솟아 있는 거북바위를 따서 붙인 이름으로, 석두암은 거북바위와 불을 때는 아궁이 쪽에 붙어있는 작은 바위 사이에 지은 정사이다.

차 한잔을 마시며 학명과 소태산은 마음과 마음을 전했다.

"석두 거사, 세상에 나가 법을 펴는 게 어떻겠소."

"저에게도 생각이 있습니다. 아직은 때가 아닌 듯합니다."

새 회상의 교강(敎綱) 선포지, 실상초당 터

"석두 거사, 당신의 기량이 못내 아쉽소. 세상에 나가 제도 사업을 해야 하지 않겠소."

"못가에서 물고기를 바라느니 먼저 그물을 짜는 것만 못하지 않습니까?[臨淵羡漁 不如退而結網]"

"고해 중생들이 세상에 나서서 제도해 주기를 청하고 있지 않은가?"

"태평양 고기를 잡으려는 사람이 몽둥이로 때려서 몇 마리나 잡겠습니까? 먼저 천하를 구하는 큰 그물을 장만하도록 하겠습니다."

소태산의 의지에 학명은 더 말을 이을 수 없었다. 차 한잔에 마음과 마음을 나눈 학명은 월명암으로 돌아갔다.

그러던 며칠 후 학명은 청오 스님 편에 편지를 보내왔다. 청오는 백용성 스님의 손상좌로 용성 스님의 편지 심부름으로 월명암에 온 것이다.

"투천산절정透天山絕頂이여 귀해수성파歸海水成波로다. 불각회신로不覺回身路하여 석두의작가石頭倚作家로다. 하늘을 뚫는 높은 산이여. 바다에 돌아가매 물이 파도를 이루리다. 몸 돌이킬 길을 알지 못하고 거북바위 석두가에 의지하여 머물도다."

소태산은 편지를 읽고서 답장을 보냈다.

"절정천진수絕頂天眞秀요 대해천진파大海天眞波로다. 부각회신로復覺回身路하니 고로석두가高露石頭家로다. 높은 산 그대로 천진하게 솟아있고 넓은 바다도 그대로 천진하게 파도치네. 몸 돌이킬 길을 다시 생각하니 거북바위 옆에 석두가 높이 드러나도다."

답장을 학명 스님 편에 보낸 뒤, 소태산은 잠시 회상에 잠겼다. 교리의 강령을 선포했던 그때 그 일이 떠올랐다. 변산에 입산하여 실상초당에 자리 잡은 얼마 뒤 교강敎綱을 발표했다. 만생령을 제도할 법의 그물을 짠 것이다. 어느 누가 이 거대한 사건을 알아볼 수 있었을까?

소태산은 외로웠다. 누구도 몰라주는 이 현실을 감당해야만 했다. 상투 머리에 윤기 나는 검은 턱수염의 소태산은 묵묵히 실상초당을 바라보며 회상에 젖을 뿐이었다.

때는 소태산 30세에 들어선 원기5년(1920) 음력 4월경.

천왕봉의 참나무도 느티나무도 연둣빛이 초록으로 조록이 녹음으로 짙어갈 스음이었다. 소태산은 변산 입산 2개월여 만에 천왕봉 자락에 실상 초옥을 마련하고 몇몇 제자들과 산전山田을 일구며 산사람이 다 되어갔다.

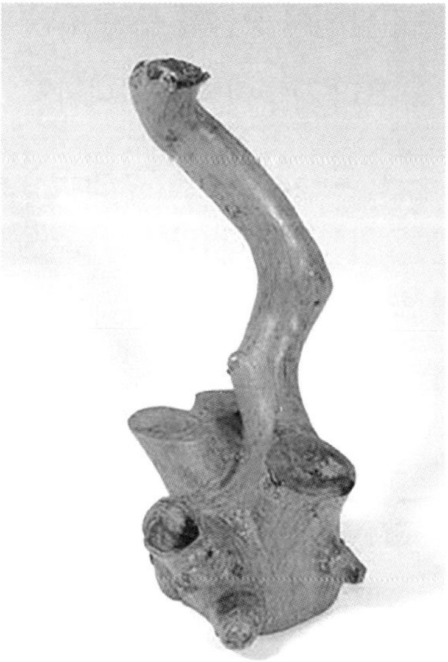

괴목 촛대(원불교역사박물관 소장)

"저녁 마치고 다들 웃방으로 모이게."

윗방은 실상초당에 새로 들인 남자 숙소였다. 소태산의 말씀에 제자들이 조그마한 방안에 옹기종기 모였다. 방안은 단출하기 그지없었다. 소태산이 직접 뿌리를 다듬어 만든 괴목 촛대가 등잔을 이고 있었고 시렁에는 이불이 얹혀 있었다. 송적벽, 김남천, 문정규, 김혜월, 이청풍, 이만갑, 구남수, 장정수 등이 다닥다닥 붙어 앉았다.

삭발위승削髮爲僧의 송규는 벌써 월명암에서 내려와 있었다. 미리 연락받았던 것이다.

"다 모였는가. 오늘 교리의 강령을 발표할 것이니 잘 들으시오."

괴목 촛대 위의 등잔불은 심지를 돋우며 방안을 은은하게 밝히었다.

김남천이 궁금한 듯 여쭈었다.

"교리 강령이 무엇입니까?"

"남천, 교리 강령은 대도정법大道正法에 곧바로 들게 하는 새 회상의 기본 교리라네. 다들 들을 준비 되었는가?"

중앙 송규가 청법의 예로 합장 경례를 올리었다. 그러자 송규를 따라 모두 소태산을 향해 합장 경례하였다.

소태산은 진중하게 말문을 열었다.

"사람이 이 세상에 태어나면 살아갈 인생의 길과 닦아갈 공부의 길이 있는 것이다."

송규가 사뢰었다.

"인생길과 공부길에서 무엇이 중요합니까?"

"사람이 살아가는 데에 요긴한 길이 있는데 이를 인생의 요도와 공부의 요도라 한다. 인생의 요도는 인생에서 마땅히 행할 도道라면 공부의 요도는 공부인이 마땅히 닦아야 할 도이다."

남천이 끼어들며 말했다.

"그렇다면 우리는 인생의 요도와 공부의 요도를 밟아가야 하네요."

"당연하다마다. 인생의 요도가 세상을 구원할 요법이라면 공부의 요도는 생령을 제도하는 요법이라 반드시 밟아가야 하네."

실상초당은 청법 낙도로 충만하였다.

"자, 이제 교리의 강령을 발표하겠으니 잘 듣고 마음에 새겨

두게나."

소태산은 선언하였다.

"인생의 요도 사은사요. 공부의 요도 삼강령 팔조목."

소태산의 외침에 실상초당에는 거대한 적막이 흘렀다. 등잔불은 심지를 더욱 돋우었다.

소태산이 문지방 맞은편 벽을 가리키며 송규에게 말하였다.

"규야! 벽에 붙어 있는 저 글을 큰소리로 읽어 보아라."

송규가 세로로 내려쓴 글을 또박또박 읽어 나갔다.

"◎ 인생의 요도, 사은사요.

사은 : 천지은·부모은·동포은·법률은

사요 : 남녀권리동일·지우차별智愚差別·무자녀자타자녀교양無子女者他子女教養·공도헌신자이부사지公道獻身者以父事之

◎ 공부의 요도, 삼강령 팔조목

삼강령 : 정신수양·사리연구·작업취사

팔조목 : 진행 건 신信·분忿·의疑·성誠, 사연 건 불신不信·탐욕貪慾·나懶·우愚."

송규가 또박또박 읽어 내려가자 소태산은 흐뭇하게 바라보며 말문을 열었다.

"내가 병진년에 대각하고 탄식가, 경축가 등의 가사를 읊어 내지 않았는가?"

송규가 말을 받았다.

"저도 법인기도 때 경축가를 많이 외웠습니다."

"그랬지. 구인단원들이 경축가로 심공을 드렸지. 경축가에 일원대원一圓大圓과 천지은덕 부모은덕 세계은덕 법률은덕의 사중보은四重報恩을 밝혔지 않은가. 대각 후에 농부의 노동요를 들어봐도 다들 삼강령을 실천하는 듯이 보였다. 이씨 제각에서 첫 대중모임을 할 때 삼강령을 수신의 요법으로 설해주지 않았느냐?"

"스승님이 대각 후 읊으신 가사와 말씀에 기본 교리는 이미 다 밝히셨네요."

"팔조목의 신분의성은 나의 구도 과정이었고 삼밭재에 오르며 기도 다녔던 심정이었다. 정신수양 사리연구 작업취사의 삼강령도 다 구도의 체험이요 감각 감상이다."

"잘 알겠습니다. 사은·사요 삼강령·팔조목이 스승님께서 발심 구도하시어 대각하신 체험을 우리에게 교법으로 일러주신 것임을 명심하겠습니다."

소태산은 방안을 한번 둘러보시고 단호하게 말하였다.

"이 법대로만 하면 세상은 구원되고 생령은 제도 받을 것이다."

김남천이 여쭈었다.

"정말 이대로만 하면 제도 받을 수 있습니까?"

소태산이 진지한 얼굴로 남천과 눈을 맞추며 말했다.

"사은·사요 삼강령·팔조목은 대원정각大圓正覺에서 나온 대도정법大道正法이네. 병진년에 깨달은 일원상의 진리에서 밝혀낸 법이지. 그러니 이 교법대로 실행하기만 하면 세상은 구원될 것이며 생령들도 다 제도 받을 것이네."

소태산은 두 손을 모으고 경청하고 있는 송규에게 시선을 돌리며 말하였다.

"이 교리 강령은 매우 간명하고 원만하여 조금도 미혹과 편벽에 끌리지 아니하고, 바로 대도정법에 들게 하는 새 회상의 기본 교리이니 마음에 깊이 새겨두어라."

문정규가 법흥에 겨워 앉은 채로 어깨춤을 덩실덩실 추었다. 이에 이만갑과 구남수도 따라서 어깨춤을 덩실거렸고 김남천과 송적벽은 합장한 채 연신 절을 올렸다.

교강을 선포하는 소태산의 기운에 송규를 비롯한 실상초당의 모든 제자들은 법흥이 절로 일어났고 황홀할 뿐이었다.

실상동의 천왕봉도 선인봉도 우쭐우쭐 솟아올랐다.

회상에 잠겨있던 소태산의 얼굴에 시원한 바람이 스쳐 지나갔다. 천왕봉 산자락을 따라 골바람이 불었고, 소태산은 미소를 지으며 회상에서 깨어났다.

초록빛이 푸른빛으로 짙어지려는 잎새들이 찬란하게 흩날렸다. 회상에서 깨어난 소태산은 산기슭에서 불어오는 바람을 쐬며 석두암 산길을 거닐었다.

소태산은 석두암 산비탈 아래에 있는 실상초당을 바라보았다.

교리의 강령을 발표했던 실상초당이 햇살에 더욱 빛나 보였다.

소태산이 실상초당에서 교리 강령을 선포하고 석두암에서 교리 강령을 시험도 해 보고 숙성도 시키며 만 생령을 건질 포부와 경륜을 전개하고 있었다.

소태산은 이러한 웅지를 뭉치어 하늘에 외쳤다.

"고로실상초당高露實相草堂. 실상초당, 드높이 드러나 있으며 고로석두암가高露石頭庵家. 석두암, 찬란하게 높이 솟아 있네."

천왕봉과 선인봉은 그 모습을 지켜보며 소태산의 교강 선포를 증명하고 있었고, 그 뜻을 받들고 있었다.

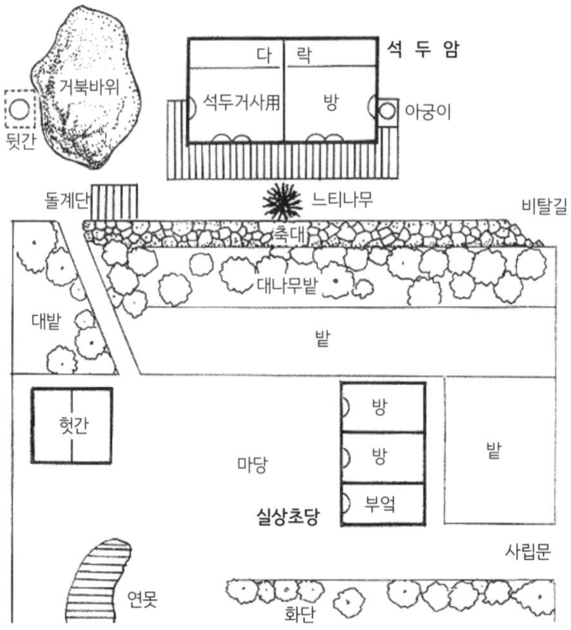

봉래정사 배치도

코멘터리Commentary

"원기5년[1920·庚申] 음 4월에, 대종사 봉래산에서 새 회상의 교강을 발표하시니, 곧 인생의 요도 사은·사요와 공부의 요도 삼강령三綱領·팔조목八條目이었다.

사은은, 천지은 부모은 동포은 법률은으로서 그 피은 보은 배은을 말씀하신 것이요, 사요는 … 남녀 권리동일 지우 차별智愚差別 무자녀자 타자녀교양無子女者他子女敎養 공도헌신자 이부사지公道獻身者以父事之니, 이는 인생의 마땅히 행할 바 도로서 세상을 구원할 요법이 되고, 삼강령은 정신수양 사리연구 작업취사니 이는 곧 공부인의 마땅히 밟을 도로서 … 생령을 제도하는 요법이 되며, 팔조목은 신信 분忿 의疑 성誠과 불신不信 탐욕貪慾 나懶 우愚니, 신·분·의·성 사조四條로는 진행건進行件을 삼고, 불신·탐욕·나·우 사조로는 사연건捨捐件을 삼아, 삼강령 공부를 운용하는 요법이 되는 바, 그 강령이 간명하고 교의가 원만하여, 모든 신자로 하여금 조금도 미혹과 편벽에 끌리지 아니하고, 바로 대도大道에 들게 하는 새 회상의 기본 교리이다."〈『원불교 교사』〉

회성곡

원기5년(1920) 음력 3월.

실상초당에 봄이 깊어갔다. 초당 앞마당의 나뭇잎들이 연둣빛에서 초록으로 짙어가고 있었다. 30세의 소태산은 상투 머리에 턱수염을 기른 처사의 모습이었다.

어린 청풍과 혜월 모녀는 나물 캐기에 여념이 없었다. 산기슭에서 청풍은 머위를 따기 바빴고 혜월은 부도가 있는 산언덕에서 취며 참나물이며 냉이 등을 한 바구니 캤다. 청풍은 어느새 혜월 옆에 와서 엄마 손을 도왔다. 봄나물 향이 바구니 가득했다. 나물 캐기에 한마음이던 혜월 모녀가 부엌으로 돌아오자 소태산은 두릅 한 줌을 혜월에게 건넸다.

"두릅 데쳐서 한 상 올리겠습니다."

"오늘 밥상은 봄나물로 넘치겠네."

"머위도 된장에 무치고 냉잇국도 끓이려 합니다."

"취며 참나물까지 있으니 입안이 쌉쏘롬하겠네."

실상초당의 하루는 봄나물 진치로 소박하면시도 훈훈했다. 실상초당은 아침을 끝내고 다들 산전으로 또는 지게를 지고 산으로 들어갔다.

"나무 한 짐 해오겠습니다."

"남천, 일은 좋으나 항상 몸조심하게나."

괭이질하던 소태산은 땀을 닦으며 지게 지고 천왕봉에 오르는 남천에게 조심할 것을 당부했다.

"제가 평생을 지게 지고 살았습니다. 늙었어도 지게질 하난 잘하니 너무 염려 마십시오."

그 옆을 정규와 적벽이 따라붙었다.

"스승님 저희도 같이 갔다 오겠습니다. 헛간을 좀 고쳐야 해서 재목감을 보려고요."

실상초당의 하루는 노동으로 시작하는 땀내 나는 도량이었다. 혜월과 청풍 모녀는 아침을 마치자마자 엉덩이 좀 붙이는가 싶더니 또다시 점심 준비에 쉴 틈이 없었다.

소태산은 산전의 일을 마무리하고 방에 들어왔다. 조금씩 쓰고 있던 이야기를 마무리하기 위해서였다. 실상초당에 봄볕이 따스하게 스며들었다. 문풍지 사이로 빛이 은은히 밀고 들어와 평화롭기 이루 다 말할 수 없었다. 그렇게 하루가 지나고 밤이

되자 다들 한자리에 모였다.

"스승님, 헛간 기둥을 덧대었으니 이젠 튼튼할 것입니다."

"바람만 불면 삐걱대더니만 손보길 잘했네."

"저도 나무 몇 짐 했습니다. 당분간 아궁이에 불 때는 것은 문제없겠습니다."

"다들 수고했네. 오늘은 내가 며칠간 지었던 이야기를 들려주려고 하네."

어린 소녀 청풍이 싱글벙글 좋아했다. 김남천, 송적벽, 문정규, 김혜월, 이청풍은 귀를 쫑긋 세웠다.

"첫 번째 이야기는 '회성곡回性曲'으로 중생이 본성을 잃고 방황하여 고생하다가 다시 본성을 회복한다는 내용인데, 우리의 본래 마음을 회복해가는 이야기이니 잘 듣게나."

소태산은 줄거리를 간추려 이야기를 시작하였다.

"대명국大明國 무정촌務正村. 그러니까 크게 밝은 나라에서 바른 일에 힘쓰는 마을이 있는데, 거기에 마음이 화동和同한 심화동心和同이라는 복덕이 둘도 없이 윤택한 인물[德潤身]이 부귀영화를 누리고 살았는데, 안타깝게도 자손들은 사람이라면 떳떳하게 밟아가야 할 길도 모르고 부모 교훈도 받들지 않으며 잡짓만 하여 고민이 이만저만이 아니었다는 것이지."

실상초당의 등잔불마저 이야기에 빠져 소태산을 향해 기울었다.

"대명국 무정촌은 바로 우리의 본래 마음이고 심화동은 이 본래 마음의 주인공이라면 자손이란 이러한 본래 마음을 잘 쓰지 못하는 우리의 중생심이지."

청풍이 촐랑거리며 끼어들었다.

"그래서 그다음은 어떠한데요."

소태산은 어린 청풍의 보챔이 마냥 귀여웠다.

"심화동은 부모의 입장에서 이렇게 떳떳한 길도 모르고 잡짓만 하는 자손들을 그대로 둘 수 없어 비상한 결단을 내리는데, 근방에 사는 권세 있는 이와 재주 있는 인물 수십 명을 청해 토지 등 재산을 분배해 주고 자손들을 하나씩 맡겨 바르게 인도해 달라고 당부하였지."

"그것참 잘한 듯합니다. 그렇게 불효하는 자손들은 재산을 남겨주면 못된 짓만 하니 사람 되도록 하는데 재산을 사용한 것은 잘 한 것입니다."

적벽이 열을 내며 말했다.

소태산은 이야기를 이어 갔다.

"심화동은 자손을 불러 놓고 세상 존비귀천尊卑貴賤 지내보고 깨친 바가 있으면 다시 만날 것이나, 그렇지 못하면 부자父子 윤기는 아주 갈리고 말 것이라 선언하고, 이후 그는 겹겹이 깊고 깊은 산속인 구중심원九重深苑을 찾아들어 농사를 지으며 안빈낙도하였으나, 자손들은 허망하고 고생스러운 삶을 겪게 되었다는 것이네."

"허허, 아직도 정신을 못 차리고 있구먼요."

적벽은 붉은 얼굴에 열이 더 올라왔다.

"깊은 산속 구중심원이 어딘지 알겠나. 바로 우리의 본성이라네. 우리의 부모 자리인 심화동은 언제나 안빈낙도를 하는 자리이지. 그런데 심화동의 자식인 우리의 중생심은 세상살이에 끌려 아직 허망하고 고생스러운 생활을 하고 있다는 것이지."

소태산은 말을 하고서 방을 둘러보더니 제자들에게 물었다.

"부모인 심화동이 자손들을 권세 있는 이와 재주 있는 인물들에게 재산을 주면서 맡기었는데 이들이 누군지 알겠는가?"

한동안 말이 없자 소태산은 답했다.

"이들은 바로 심화동의 자식들이 만나게 되는 경계라네."

남천이 물었다.

"그러면 어떻게 해야 우리의 본래 부모 자리인 심화동을 찾을 수 있습니까?"

"그거야 대명국 무정촌에서 부모인 심화동을 친견하면 되지."

소태산의 단언에 남천은 고개만 끄덕일 뿐이었다.

"그래서 자손들은 어떻게 되었나요?"

청풍이 궁금한지 참지 못하고 끼어들었다.

"수십 년 동안 자손들은 세상 고락 지낸 후에 부모의 은혜와 교훈을 깨달아 지난날을 뉘우치고 새사람이 되어 끝내는 부모를 찾게 되었지. 이로써 모든 자손이 각각 문명된 자손들이 되어 선조와 부모를 잘 받들고 태평성세를 누리게 되었다는 것이지."

남천이 말했다.

"새사람이 되어 부모를 상봉했다는 것은 자식인 중생심이 부모인 우리의 본래 마음을 봤다는 것이지요."

소태산은 웃으며 말했다.

"남천은 이제 참 부모를 만났네그려."

어느덧 실상초당의 밤은 깊어만 갔다. 등잔불마저 잠이 오는지 심지를 숙이고 있었다.

"오늘은 이만하세."

"스승님, 오늘 이야기 잘 들었습니다. 감사합니다."

정규가 일어나 큰절을 올리자 초당의 식구들도 다 일어나 절을 하였다.

"허허, 절을 받아서 후속편을 이야기해 주어야만 하겠구먼."

"그럼 다음에 또 이야기해 주시는 거죠?"

어린 소녀 청풍의 보챔에도 소태산은 마냥 귀여울 뿐이었다.

"다음에는 《회성곡》의 후속인 〈교훈편〉과 〈안심곡〉 두 편이 더 있으니 기대들 하고 오늘은 이만 마치세."

실상초당의 저녁 모임은 열기로 가득했다. 낮에는 일하고 밤이면 모여서 하루를 지낸 일을 서로 나누며 소태산의 법문을 듣는 기쁨으로 넘치었다.

실상초당 식구들은 회성곡 첫 구절인 '대명국 무정촌에 한 사람이 있으되 성은 심이요 이름은 화동이라.'라는 첫 구절을 되풀이하였다.

실상초당에 회성곡이 울리었다. 성품을 회복하는 이야기가 울려 퍼졌다.

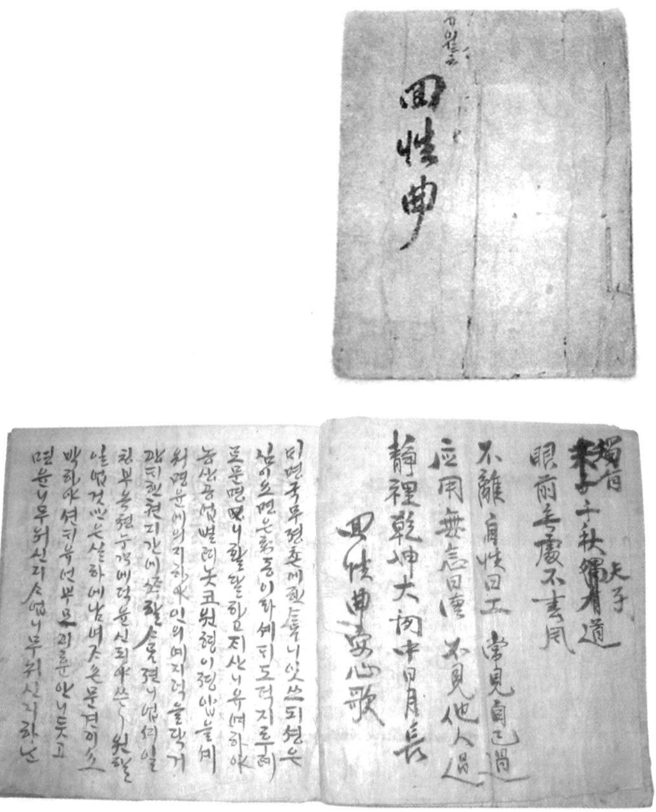

회성곡 표지&내지

코멘터리Commentary

진해지고 있는 소태산의 가사집인《회성곡》은 봉래정사 수호주 이춘풍의 필사본을 비롯한 3본이 있다. 실상초당에서 쓰였을《회성곡》은 회성곡, 교훈가, 안심곡 세 편으로 구성되어 있다.

이춘풍 필사본《회성곡》의 표지 안쪽에 '통만법명일심通萬法明一心'과 끝에 '학도자는 일만 법을 통하여다가 한마음을 밝히니라.'라고 기재되어 있다.

법호를 주시다

실상초당은 세 칸짜리 집으로 정갈했다. 방 한 칸 더 드리여 증축한 윗방에는 소태산과 남자 제자들이 기거하였고 가운데 방에는 여자 제자들이 기거했으며 그 옆 칸은 부엌이었다.

실상초당의 삶은 간고한 살림이었으나 소태산은 그러한 와중에도 심신을 휴양하는 데 주력했다.

가까이 시봉하는 제자들이 낮에는 산전山田을 일구어 생활을 도모하였고 밤이 되면 법석에 참여하여 소태산의 법문을 듣는 그 재미가 이만저만이 아니었다.

소태산은 상투를 틀고 검은 턱수염에 위가 터지고 세 봉우리가 진 뾰쪽한 2층으로 된 정자관을 쓴 처사 모습이었다.

소태산 30세를 맞이하기 바로 직전, 영광 길룡리에서 변산 입산하여 월명암에 임시 기거하고 있을 당시, 주자의 '무이구곡가'

일명 무이도가武夷櫂歌를 영광의 8인 단원들에게 써 보냈다.

"무이산 아래 선경이 있으니 산 아래 차가운 물이 골마다 맑게 흐른다. 그 가운데 질경을 일고 싶으면 노 젓는 소리 두어 가락 한가하게 들어보라[武夷山下有仙靈 山下寒流曲曲淸 欲識箇中奇絕處 櫂歌閑聽兩三聲]."

소태산은 8인 단원들에 대한 그리운 정회와 심경뿐만 아니라 참마음의 실상을 '무이구곡가'에 실어 보낸 것이다.

그러던 어느 날 실상초당에 이순순이 찾아왔다. 소태산은 8인 단원을 대표하여 이순순을 부른 것이다.

이산 이순순

"스승님, 영광 단원들은 방언 관리 잘 하고 있습니다."

"수고가 많소. 법인기도 해제했다고 마음공부까지 해제해선 안 되네."

"예, 저희 8인 단원들 마음공부에 전심하고 있습니다."

"보내준 무이구곡가 잘 부르고 있는가?"

"예, 스승님. 같이 모여 그 뜻도 새기고 운곡 넣어 부르고 있습니다."

"그 뜻을 알려줄 것이니 잘 들었다가 단원들에게도 일러주게."

"알겠습니다, 스승님."

이순순은 긴장한 표정이었고 소태산은 진지하였다. 소태산은 이순순에게 연이어서 무이구곡가를 풀어주었다.

"무이산하유선령武夷山下有仙靈 산하한류곡곡청山下寒流曲曲淸. 무이산 아래에 선경이 있는데 맑은 물이 골마다 흐른다는 것이지. 이 선경을 봐야 하네."

"욕식개중기절처欲識箇中奇絕處 도가한청양삼성櫂歌閑聽兩三聲. 그 가운데 절경을 알고 싶으면 노 젓는 소리 두어 가락 조용히 들어 보라는 것이네."

"와탄천 따라 돛단배 저어가는 소리를 들어보게나. 노 젓는 소리를 조용히 듣고 있는 이 자리에 우리의 참마음이 신령하게 있으니, 이 자리를 알면 무이산 아래에 선경이 펼쳐진 풍광도 볼 수 있으며 맑은 물이 골짜기마다 흐르는 소리도 듣게 될 것이네."

이순순은 연이은 소태산의 말씀에 정신이 황홀해졌다.

"스승님, 저희는 그저 풍광을 노래하는 것으로 알았는데 그것만은 아니네요."

"그렇지. 이제는 우리의 마음속 풍경을 구경하는 공부에 전력해야 할 것일세."

실상초당은 한동안 침묵이었다. 침묵은 드디어 소태산의 미소로 깨어났다. 소태산은 이순순을 다정하게 바라보며 말씀하셨다.

"이제 무이도가를 보낸 뜻을 알겠나."

"마음속 선경을 구경하라는 것이네요."

"그렇지. 밖으로 끌려 다니는 생각을 지금 당장 놓아버리면 텅 비어 맑고 밝은 마음 당처가 앞에 역력하리니, 이 자리를 직관하게나. 그러면 크게 쉬고 쉬는 입정 휴양의 자리에 들게 될 것이네."

이순순은 호수에 일어나는 파문처럼 알고자 하는 궁금함이 동심원으로 퍼져나갔다.

소태산이 서랍에서 무언가를 꺼냈다.

"자! 이것 받게나."

"이게 무엇입니까? 스승님."

이순순은 놀란 표정이었다.

이순순이 건네받은 것은 법명에 따라 법호가 적힌 명단이었다.

"자네를 이곳에 부른 것은 법호를 주기 위함이네."

"저희는 법명을 받았는데 또 받을 것이 있습니까?"

"내 이미 법명뿐만 아니라 법호까지 주려고 했으나 때를 기다린 것이지."

소태산이 연이어 말문을 열었다.

"법호는 법인기도 때 이미 준 것이나 진배없네. 이미 주려고 했던 것을 지금 줄 뿐이네. 방위를 따라 산상기도[법인기도] 올린 그 순서대로 법호를 주는 것이니 명심하게나. 건·감·간·진·손·이·곤·태, 팔방 순에 따라 일산 이재철, 이산 이순순, 삼산 김기천, 사산 오창건, 오산 박세철, 육산 박동국, 칠산 유건, 팔산 김광선 그리고 중앙 송규는 정산이라는 법호를 주니 잘 받게나."

이순순은 소태산의 한 말씀 한 말씀에 집중했다.

“단은 펴서 말하면 시방을 대표하고 거두어 말하면 시방을 한 몸에 합한 이치 아닌가?”

“스승님께서 10인 1단을 처음 조직하시고 저희에게 말씀해 주시지 않았습니까?”

“그랬지. 이처럼 일산·이산·삼산·사산·오산·육산·칠산·팔산은 시방을 대표하는 산을 뜻하며 합하면 시방을 대표하는 산들이 모이는 한 몸 한마음의 산맥을 뜻하네.”

소태산은 잠시 말을 멈추더니 실상초당 문밖의 산을 가리키며 말씀하셨다.

“순순, 저 산을 보게나. 아름답고 웅장하고 멋지지 않나. 법호의 산은 저 산과 같네.”

“변산의 산천은 참으로 장관입니다. 숨은 보석입니다.”

“법호는 저 산같이 아름다운 우리의 본래 자리인 성품의 산을 뜻하네.”

“어찌해야 성품의 산을 구경할 수 있습니까?”

“성품의 산을 구경하기 위해선 보내준 무이도가의 뜻을 알아야 하네. 무이의 절경을 봐야 하는 것이지.”

“제가 바로 볼 수 있는 방법이 있습니까?”

“순순, 법성장 갈 때 선진포에서 배를 타고 와탄천을 따라 노저어가지 않는가?”

"돛드레미에 들어서면 돛을 내려 바람을 팽팽히 맞고 가지요."

"이때 사공의 노 젓는 소리를 한가하게 조용히 들어보게나. 이 소리를 돌이켜 듣는 자리에 그쳐 있으면 이 자리가 무이의 선경으로 성품의 산이 솟아있는 곳이네."

"알겠습니다, 스승님. 노 젓는 소리를 돌이켜 들어보겠습니다."

"와탄천 따라 산태극 수태극으로 작은 소드랑섬 큰 소드랑섬 응암바위 은선암을 지나는 그 풍광이 장관이지 않은가. 그 풍광이 드러나는 자리를 구경해야 하네."

"지금까지 제가 듣던 노 젓는 소리도 참된 자리가 아니고 제가 보던 와탄천 풍광도 참된 풍광이 아니라는 것이네요."

"노 젓는 소리도 고요히 듣고 있는 그 자리에서 들어보고, 와탄천 풍광도 한가하게 보고 있는 그 자리에서 구경해 보게나."

"법호를 주신 뜻이 바로 이 자리를 공부하라는 뜻인 듯합니다."

"무이도가武夷櫂歌를 보낸 뜻을 알겠나. 노 젓는 소리를 듣는 자리에 성품의 산이 솟아 있으니, 8인 단원들이 방위마다 이 성품의 산을 드러내어 만 생령을 품는 산맥들이 되어야겠네."

실상초당에 법호의 메아리가 울리었다. 구인 단원에게 수여한 일산·이산·삼산·사산·오산·육산·칠산·팔산 그리고 정산은 성품의 산으로 우뚝 솟아올랐다.

코멘터리Commentary

※ 송천은 : "호는 언제 내리셨던가요? 즉석에서 내리셨던가요?"

칠산 유건 : "아니지. 호는 실상사에 계실 때 이산을 오라고 해서 내려보내셨다."〈원광 42호〉

※ 31세[庚申年]에 종사주께옵서 9인 단원에게 호를 주실 때 기천 씨에게는 삼산三山이라 하사하시다.〈회보 20호〉

※ 42세[庚申年]에 종사님께서 9인 단원에게 법호를 주실 때 팔산八山 호를 봉수奉受하였으며〈회보 52호〉

팔방과 법호

일산(건방) 북서쪽	이산(감방) 북쪽	삼산(간방) 북동쪽
팔산(태방) 서쪽	**정산(중앙)**	사산(진방) 동쪽
칠산(곤방) 남서쪽	육산(이방) 남쪽	오산(손방) 동남쪽

석두암 짓고 석두 거사로 머물다

실상사의 범종 소리가 새벽을 깨웠다. 실상사 옆 마을인 실상초당도 깨어났다. 가운데 방의 김혜월과 그녀의 딸 이청풍은 이부자리를 정돈하고 새벽 좌선할 준비를 마쳤다. 윗방의 남자들도 하나둘 자리를 정리하고 도인술로 몸을 풀었다.

소태산은 벌써 좌정에 들었다. 김남천은 죽비를 잡고 입정을 알리는 죽비 3타를 울리었다. 어둠이 가시지 않은 새벽은 칠흑보다 더 고요했다. 실상초당은 그야말로 적막강산이었다.

얼마가 지났을까? 산새들의 지저귐에 소태산과 실상초당 도량은 입정에서 깨어났다. 드디어 천지가 열리고 세상은 분별 되었다.

김혜월과 이청풍 모녀는 부엌에서 아침 식사를 준비하였고 김남천과 송적벽은 아궁이의 불도 정리하고 장작도 패고 뜰도

정갈하게 쓸었다. 아침 공양은 간소하였다. 송적벽이 식사 중 말을 꺼냈다.

"스승님, 손님이 오면 실상초당이 비좁아 불편하니 초당 하나 더 지었으면 합니다."

김남천이 말을 받았다.

"적벽과 저는 집을 지어본 경험이 있으니 조금만 수고하면 될 듯합니다."

소태산, 수저를 놓으시고 말씀하셨다.

"자네들의 법명을 왜 적벽과 남천이라 준 지 알겠는가?"

"스승님이 주신 것이라 기쁘게 받았을 뿐입니다."

"다시 알려줄 테니 잘 듣게나. 적벽은 흙을 다루는 토수 일을 잘하여 붉을 적赤, 벽 벽壁 자로 적벽이란 법명을 주었고, 남천은 남향으로 집터를 잡아 집을 짓는 목수 일을 잘하므로 남천南天이란 법명을 주었네, 또한 적벽은 다혈질이라 얼굴이 금방 단풍 장엄이 되어 붉은 얼굴이 되므로 마음을 차분하게 가라앉히라는 뜻도 있네."

"스승님, 법명처럼 토수일도 목수일도 차분하게 잘하겠으니 초당 하나 짓는 일을 맡겨주십시오."

"이 방도 자네들이 들였지 않나. 어디 한번 해보세."

남천과 적벽은 새로운 도량을 마련한다는 기대에 부풀었다.

정자관을 쓰고 턱수염을 기른 유생 모습의 소태산은 아침 공양을 마친 후 실상초당 위편 다랑이 밭을 지나 대밭 비탈에 서서 두 제자를 불렀다.

"직벽과 남천은 이리 와 보게나. 이 자리가 집터로 어떠한가?"

남천은 주변 형세와 방위를 살피었다.

"집터로 무리가 없을 듯합니다."

적벽도 이리저리 살피더니 말했다.

"축대를 쌓으면 집 지을 터는 마련할 수 있겠습니다."

소태산은 이곳저곳을 자세히 보시고 말씀하셨다.

"저쪽 거북바위와 이쪽 작은 바위 사이에 두 칸 정사精舍는 가능하겠지?"

얼마 뒤 학명 선사가 실상사에 들렀다가 실상초당을 방문하였다.

"실상사 만허 스님을 뵐 일이 있어 겸사겸사 찾아왔소."

"잘 오셨습니다. 안 그래도 찾아뵈려 했습니다. 항상 저희를 살펴주시어 얼마나 감사한지 모르겠습니다."

소태산은 진심 어린 마음으로 차를 올렸다. 학명 선사와 소태산은 차 한 잔에 마음을 주고받았다. 깨친 사람들의 이심전심以心傳心은 누구도 알 수 없는 광활한 풍광이었다. 천왕봉 아래의 실상초당은 깨달음의 빛으로 충만했다.

"학명 스님, 부탁 하나 드리겠습니다."

"무슨 부탁이오. 거리낌 없이 말해 보시오."

"초당 위편에 초옥 하나를 지었으면 합니다."

"그렇게 하시지요. 이왕 그럴 거면 지금 실상사 만허 스님 찾아뵙고 허락을 받읍시다."

소태산은 학명 스님을 모시고 실상사 주지 만허 스님을 찾았다. 학명의 재차 방문에 만허는 어인 일이냐며 물었다.

"거사님이 실상 초옥 위에 초당 하나를 짓고자 하니 터를 제공해 주었으면 합니다."

"그렇게 하시지요. 요즘 거사님이 이곳에 주석하니 실상동 기운이 달라졌습니다."

"늘 이렇게 두 노승께서 살펴주시니 몸 둘 바를 모르겠습니다. 감사합니다."

남천과 적벽은 분주했다. 남천은 재촉했다.

"적벽, 축대는 다 쌓아 가는가?"

적벽은 웃으며 답했다.

"허허 급하기는. 집 지을 터는 나왔으니 이제 땅만 다지면 되네."

"어어디아덩덜시구, 어어디아덩덜시구 …"

남천과 적벽은 소리를 넣어가며 며칠간 땅을 다지는 기평基平 작업을 하였다.

"이제 기둥만 세우면 될 듯하네. 자네 몫만 남았네 그려."

적벽은 농담으로 남천을 재촉했다. 남천은 학명 스님이 보조

해 준 재목과 미리 벌목하여 말려놓은 목재를 다듬어 귀를 맞추는 작업을 하였다.

"적벽, 잘 맞춰서 끼워 넣어야 하네."

"허허, 자네와 내가 어디 한두 해 해오던 일인가. 염려 마소."

"스승님이 주석하실 도량이니 신경이 많이 쓰이네그려."

어린 소녀 이청풍이 머리에 무언가를 이고 올라왔다.

"새참 드시고 하세요."

원평 사람들인 이만갑과 구남수도 따라 올라왔다. 작업을 돕기 위해 시도 때도 없이 실상 초옥에 출입하였다. 그녀들은 식량과 잡비를 후원하였다.

적벽은 흙과 짚을 개어 벽을 쌓았고 외벽은 회를 발랐다. 남천은 방안에 천정을 만들었고 벽장을 두어 여닫이 쌍문을 달았고 각방의 측면에 외문을 내었으며 전면에는 넓은 마루와 좌우에는

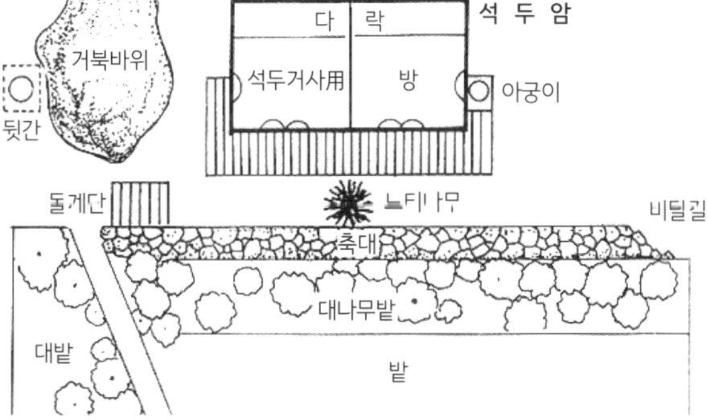

석두암 가옥구조

봉래정사 석두암(정면)

석두암(측면)

반 칸 좁은 마루를 달아내었다. 작은 바위 쪽에 아궁이를 두었으며 거북바위 옆에 큰 항아리를 묻어 뒷간을 마련했다.

천왕봉 아래의 거북바위 옆 터에 원기6년(1921) 음력 7월에 착수하여 음력 9월에 준공하니 이름을 석두암石頭庵이라 하였다. 바윗돌 사이에 지은 집이라 돌 석石 자 석두암이라 하였으며, 학명 스님이 검은 판에 흰 글씨로 현판을 써 주었다.

소태산은 석두암을 건축하고 나서부터 '석두 거사'라는 칭호를 사용하였으며, 이후로 실상초당은 여자 제자들이, 석두암의 거북바위 쪽 윗방은 소태산이, 아궁이가 있는 쪽 아랫방은 남자 제자들이 사용하였다.

"남천, 실상동 동요 들어본 적 있는가?"

"'석문을 열고 십 리를 들어가면 새 시대 개법주開法主가 피난도 하고 개법開法도 한다.'는 노래입니다."

적벽이 말을 받았다.

"석문동에서 십 리쯤 들어오면 석두암입니다."

남천이 말을 이었다.

"스승님께서 석두암을 짓고부터 석두 거사라 칭하셨지요."

송규가 끼어들었다.

"그러므로 스승님이 개법주로 이곳 봉래정사에서 법도 여실 것이지요."

석두암 위로 맑은 바람이 불었다. 석두 거사 소태산은 석두암 현판을 바라보며 제자들에게 물었다.

"내가 왜 석두암이라 옥호를 붙였는지 알겠는가?"

남천이 말했다.

"거북바위를 인연해서 돌 석石, 석두암이라 이름 지은 줄로 알고 있습니다."

소태산은 웃으며 남천의 말을 받았다.

"그렇기도 하지만 석두는 일체의 사념이 없는 자리로, 성품의 석두인 것이지."

송규가 소태산의 뜻을 대변하듯 말했다.

"이 집에 머문다는 것은 분별이 본래 없는 자리에 안주하라는 뜻이네요."

소태산은 제자들과 눈을 맞추며 당부했다.

"'변산이 드러나 실상동에 콩 튀듯이 도인들이 나올 때 인장바위가 인정하리라.'는 이야기처럼, 이렇게 잡념 없는 처소에 거주하면서 사은사요 삼강령 팔조목의 교강教綱으로 살림을 하여, 콩 튀듯 도인들이 출현토록 하여 인장바위의 인정을 받도록 하라는 것이다."

어느 날 석두암에 한 여인이 찾아와서 소태산에게 청하였다.

"저 같은 여자의 몸으로도 남자 제자와 같이 대성현을 모시고자 볼 수 있나이까?"

이에 모시고 있던 제자들이 그 온당치 못함을 꾸짖었다. 그러자 석두 거사 소태산은 만류하며 제자들에게 말했다.

"저 여인의 원이 지극하니 자네들 자는 옆에 하룻밤 재우시오."

다음 날 이른 아침 그 여인은 소태산에게 절을 올리고 석두암을 떠났다. 소태산은 제자들에게 일렀다.

"내가 왜 저 여인을 자네들 옆에서라도 재우라 한지 알겠소?"

"저 여인의 뜻이 간곡해서 스승님이 소원을 들어주신 것 아닙니까."

"저 여인의 소원이 소중한 법연法緣이 되도록 한 것일세. 영생을 동석同席하고 동숙同宿하는 공부하는 인연, 법으로 만나는 인연, 깨달음의 인연이 되도록 한 것이네."

석두암은 소태산이 거처한 최초의 조실이라 할 수 있다. 이곳이 곧 '봉래정사'이다. 이 봉래정사에서 소태산은 새로 초안

된 교강과 교서로 여러 사람의 근기에 따라 예비 훈련도 시험해 보고, 새 회상 공개를 위하여 제자들을 때로는 기다리고, 때로는 직접 찾으며, 정산 송규로 하여금 인연을 찾도록 인연지로 보낸 도량이다. 석두암은 제자들이 여러 사람과 인연을 맺도록 하여 새 회상의 중심인물이 나온 인연의 모태 자리였던 것이다.

일원대도 비와 석두암 터

코멘터리Commentary

"원기6년[1921·辛酉] 음 7월에, 김남천·송적벽 등의 발의發議로 실상초당實相草堂 위편에 몇 칸 초당의 건축을 착공하여 그해 음 9월에 준공하고 이름을 '석두암石頭庵'이라 하니, 이것이 곧 '봉래정사'이다. 대종사, 봉래정사에서 새로 초안된 교강과 교서로 여러 사람의 근기에 따라 예비 훈련을 시험해 보시니, 그 성적이 매우 좋아 모든 신자의 정법에 대한 이해가 한 층 진보하였다."〈『원불교 교사』〉

줄포장과 시봉의 길

봉래정사에서 줄포장을 내왕할 때면 짐이 없을 때는 사자동 칠보대기를 지나 묏재–불당골–와룡소–회양골–굴바위[우바위재]를 통과하여 우동마을–만화마을–종곡을 거쳐 줄포에 다다랐고, 장을 본 후 짐이 있을 때는 만화마을과 우동마을을 지나 바디재를 넘어 거석리–노적미–백천내를 지나 사자동을 거쳐 실상동의 봉래정사에 이르렀다.

실상동 봉래정사에서 줄포로 나오는 길은 일곱 덩이 바위가 있는 사자동 칠보대기를 거쳐 묏재–불당골–와룡소–회양골–굴바위를 지나 우동마을에 이르는 골짜기 지름길로 걸어서 두 시간 이상이라면, 봉래정사–사자동–백천내–노적미–거석리–바디재–우동마을로 돌아가는 평이한 길은 도보로 세 시간 이상이 걸렸다.

가벼운 행장이라면 굴바위[우바위재] 쪽 길을 택하였고, 줄포장

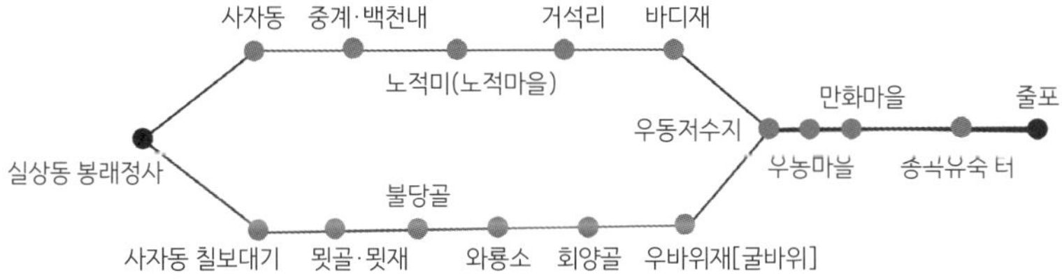

봉래정사에서 줄포가는 길

을 보고 짐을 지거나 산길에 익숙지 않는 사람들은 비교적 평탄한 바디재 길로 우회하였다.

봉래정사와 줄포를 내왕하는 길은 30여 리였다. 김남천은 지게를 지고 봉래정사를 나섰다. 석두 거사 소태산은 송적벽 문정규와 봉래정사 입구의 산밭을 갈고 있었다.

"적벽, 정규. 줄포장에 다녀올 테니 미상불[未嘗不, 아닌 게 아니라 과연], 스승님 잘 모시게."

"쌀이 떨어져서 어서 가서 미상불, 쌀 팔아 와야 하네."

석두 거사 소태산은 괭이질을 잠시 멈추고 말했다.

"남천은 말끝마다 미상불 미상불하더니 쌀 팔러 다니는 부처인가 보이."

정규가 말을 받았다.

"쌀 미米, 팔 상商, 부처 불佛. 정말 쌀 팔러 다니는 부처네요."

적벽이 한 말 거들었다.

"끄덕하면 미상불 미상불하니 쌀 팔러 다니는 부처가 확실하다니까요."

50대 장년인 문정규, 김남천, 송적벽은 석두 거사 소태산을 시봉하는 재미로 넘쳐났다.

문정규

소태산은 봉래정사에 드나드는 제자들에게 말하였다.

"문정규를 보게나. 저 늙은 몸으로 전주에서 바디재를 넘어 산중 험로에 들어와서 거처와 음식이 기구하건만 나 하나 만나보려는 재미로 모든 고생됨을 잊어버리고 오직 즐거워만 하지 않는가."

김남천

"또한, 김남천도 나이 든 몸으로 변산 초당에서 줄포장까지 험산 궁곡을 넘나들면서 쌀을 팔러 다니는 고생이 막심하되 나를 시봉하는 재미로 항상 낙도 생활을 하니 그는 고 중에서도 낙을 받을 사람일세."

이처럼 봉래정사의 생활은 모든 면에서 간고했으나 또한 재미도 진진하였다.

소태산은 석두 거사라 자칭하며 봉래정사에 주석하였고, 4~50대의 장적조, 구남수, 이만갑 세 여인은 연약한 몸으로 백리의 먼 길을 내왕하며 석두 거사에게 알뜰한 신성을 바쳤다.

바디재

줄포장 터

석두 거사 소태산은 이를 기특히 여기며 물었다.

"그대들의 신심이 이렇게 독실하니 지금 내가 똥이라도 먹으라 하면 바로 먹겠는가?"

세 사람이 바로 나가 똥을 가져오는지라, 소태산, "그대로 앉으라." 하시고,

"그대들의 거동을 보니 똥보다 더한 것이라도 먹을 만한 신심이로다."

장적조가 말하였다.

"스승님, 저희는 스승님을 뵙는 것이 인생의 낙입니다."

소태산은 이들을 알뜰히 챙기며 당부하였다.

"지금은 회상이 단순해서 그대들을 친절히 챙겨 줄 기회가 자주 있지마는 앞으로 회상이 커지고 보면 그대들의 오고 가는 것조차 내가 일일이 알 수 없을지 모르니, 그러한 때에라도 오늘 같은 신성이 계속되겠는가?"

장적조가 나서서 말했다.

"스승님, 한 번 세운 마음 변할 리 없을 것입니다."

"오늘의 이 신성으로 영겁을 일관하라."

소태산은 이들의 신성에 마음이 든든하였다.

비단 장수 최도화가 봉래정사를 찾아왔다. 최도화는 진안 미륵사 화주로 정산 송규의 인도로 소태산의 제자가 되었다.

"스승님, 저보다 더 형편없는 악의악식惡衣惡食을 하시니 몸 둘 바를 모르겠습니다."

"어찌 이곳 형편에 이보다 더 좋은 의식을 구하겠는가? 나물만 먹어도 좋네."

소태산의 조촐한 식사에 최도화는 눈물을 흘렸다. 어느 날 최도화는 행상을 나갔다가 맛있는 음식이 생겨 이를 품에 안고 봉래정사로 향했다.

"스승님, 이것 드세요. 식지 말라고 품에 넣고 왔습니다."

"허허, 도화가 품고 왔다니, 어서들 드세나."

소태산과 제자들이 맛있게 먹는 모습에 도화는 그저 마음이 기쁘고 먹먹할 뿐이었다. 최도화는 행상을 나가게 되면 잡수실 것을 사서 짊어지고 봉래정사에 먼 길을 먼 줄 모르고 갖다 드리곤 하였다. 이처럼 봉래정사 수양 시 제자들의 신성과 정성은 이루 다 말할 수 없었다.

봉래정사 시절 시봉진(원기13년 제1회 기념총회시 기념촬영)

옥녀봉은 우동리에서 가장 높은 봉우리로 옥녀가 비단을 짜고 있는 형국의 산세로, 이 봉우리의 고개를 바디재라고 한다. 바디재는 소태산도 줄포를 이용하실 때 넘나든 고개이며, 김남천, 오창건을 비롯한 시봉 제자들이 봉래정사에 주석하시는 스승 소태산을 시봉하기 위해 지게를 지고 이 재를 넘어 줄포장에서 쌀 등 생필품을 사 날랐다. 소태산이 똥이라도 먹으라면 먹겠냐고 물으니 먹겠다고 한 장적조, 이만갑, 구남수 등 여자 선진들이 구슬땀을 흘리며 넘어온 신성이 깃든 재요, 길이다.

이처럼 바디재는 제자들이 줄포장에서 장을 보거나 석두 거사 소태산을 모시기 위해 봉래정사로 넘나들던 신성의 산 고개이며, 이 재를 넘어오는 길은 소태산을 시봉하기 위해 신성을 다 하신 시봉의 길이요 신성의 길인 것이다.

바디는 베틀에 딸린 기구이므로 바디재는 베틀과 연관 있는 지명이다. 이곳 바디재의 옥녀봉은 옥녀가 비단을 짜는 옥녀직금형玉女織錦形으로 새 교법을 짤 제법주를 갈망하는 모습이라 할 것이다. 소태산은 이곳을 넘어 실상동에서 교리 강령을 짰다.

그러므로 바디재의 옥녀봉은 신성의 옥녀봉이요 제법의 바디재인 것이다.

코멘터리Commentary

"내가 봉래산에 있을 때 같이 있는 몇몇 사람은 그 험산 궁곡險山窮谷에서 거처와 음식이 기구하고 육신의 노력은 과중하여 모든 방면에 고생이 막심하였으되 오직 법을 듣고 나를 시봉하는 재미로 항상 낙도 생활을 하여왔고 …."
〈『대종경』 신성품 16장〉

〈봉래정사-줄포장 내왕 길〉

※ 바디재 경유지

실상동 봉래정사-사자동-중계[백천내]-노적미-거석리-바디재-우동마을-만화마을-종곡-줄포

※ 굴바위[우바위재] 경유지

실상동 봉래정사-칠보대기-묏골·묏재-불당골-와룡소-회양골-우바위재[굴바위]-우동마을-만화마을-종곡-줄포

돌이 서서 물소리를 듣다

석두암이 건축된 지 한두 해가 흘렀다. 석두 거사 소태산은 석두암 툇마루에 앉아 햇살을 받고 있었다. 송도성은 지게에 나무 한 짐 지고 천왕봉 산비탈에서 내려왔다.

"도성아, 지게 부리고 봉래계곡에 소창 다녀오자."

"예. 스승님, 채비하겠습니다."

벌써 실상초당 앞마당에 송규, 김남천, 송적벽, 문정규, 오창건 등이 동행하고자 나와 있었다.

"가세나. 아름다운 봉래구곡을 즐겨 보세나."

송도성이 물었다.

"구곡의 의미는 무엇인가요?"

문정규가 답했다.

"구불구불한 계곡으로 물 좋고 계곡 좋은 곳을 말하겠지."

같이 걷던 송규가 한마디 덧붙였다.

"구곡은 또한 인생 계곡으로 순경 역경이 굽이치는 경계의 골짜기로 봐야 할 거야."

송도성이 되물었다.

"경치의 굴곡만 볼 것이 아니라 인생의 굴곡도 봐야겠네요."

대화를 듣고 있던 소태산은 흐뭇한 표정으로 말했다.

"도성이가 갈수록 도가 익어가는구나."

어느덧 이런저런 대화 속에서 일 리一里 넘게 걷다 보니 봉래구곡에 들어섰다. 소태산은 널찍한 바위에 앉아 흐르는 물을 한참 동안 바라보았다. 제자들도 주변에 앉아 물소리를 들으며 풍광을 즐겼다. 계곡을 따라 물은 흘러갔다. 물살은 서 있는 돌[立石]을 비켜 흐르고 크고 작은 바윗돌 사이를 흐르고 흘렀다.

소태산은 한참 입정에 들더니 말문을 열었다.

"전일에 한 생각을 얻은 후 한시와 가사를 많이 기록해 놓았다가 여러 가지 사정으로 불사르게 하였는데, 그것이 본시 나의 정신에서 나온 것이므로 다시 저술하기 용이할 줄 알았더니, 여러 가지 사무에 끌리는 관계인지 혹 상기上氣도 되고 정신이 혼미해지니 한恨이다."

영광에서 소태산을 뵈러 온 오창건이 말했다. 창건은 봉래정사 일을 봐주러 종종 와서 줄포장에 생필품을 사러 지게지고 넘나들곤 했다.

"스승님이 대각 이후 한시와 가사를 마구 쏟아내시어 김광선 단원에게 받아쓰도록 하여 〈법의대전〉이라 이름하셨지 않습니까?"

"창건은 초창기 구인단원이라 잘 알겠구먼."

"저희는 탄식가며 경축가를 다 외웠지요. 산상기도 할 때도 외우곤 했습니다."

"〈법의대전〉은 발심을 일으키는 데는 좋으나 자칫 잘못하면 미신에 떨어지기 쉽네. 정식교서가 아니지."

"그래서 스승님께서 김광선 단원에게 소각하도록 하셨지 않습니까?"

"요즘 기본 교리의 주해며 교서의 자구를 다듬고 있는데 내 머리에서 나온 〈법의대전〉을 인용하려 해도 잘 떠오르지 않으니 안타깝다. 아마 이러한 사무에 바쁘다 보니 상기가 되어 정신이 혼미해진 것 같네."

"교리며 교서를 제정하는 사무에 바쁘셔서 그렇지요."

"그런데 오늘 이렇게 봉래구곡에 와서 청아한 물소리를 들으며 입정을 하니 하기下氣가 되고 정신이 상쾌해지네그려."

소태산은 물소리를 듣고 있는 송규를 비롯한 제자들을 그윽한 눈길로 바라보더니 시 한 수를 읊었다.

"변산구곡로邊山九曲路에 석립청수성石立聽水聲이라,
무무역무무無無亦無無요 비비역비비非非亦非非라."

선돌(立石)과 봉래곡

봉래곡 너럭바위에 새겨진 '봉래구곡'

맑고 청아한 봉래곡의 물결은 굽이굽이 흘러갔다. 봉래곡은 대표적 풍광이라 봉래구곡으로도 불리었다.

소태산은 제자들을 둘러보며 말씀을 이어갔다.

"이 한시 두 구句를 잘 참구해 봐라. 이 뜻을 알면 곧 도를 깨닫는 사람이 될 것이다."

봉래곡의 서 있는 돌[立石]은 천왕봉을 배경으로 입정하는 듯했고, 맑고 청아한 물결은 '무무역무무 비비역비비'로 흐르는 듯했다. 모두 서 있는 돌이 되어 물소리에 몰입하고 침잠했다.

송도성이 소태산에게 여쭈었다.

"어찌하여야 이 뜻을 알아 도를 깨달을 수 있습니까?"

"핵심은 들을 청聽에 있다. 서 있는 돌처럼 모든 분별 망상을 놓아버린 무분별의 상태로 물소리를 듣는 것이다. 오직 듣고 있는 자리는 이것이다 저것이다 할 분별이 없으므로 적적寂寂하면서도 물소리가 또한 역력하므로 성성惺惺한 자리이다."

소태산이 일러 준 대로 도성은 마음을 찾아들었다. 제자들은 어느덧 침묵 속에 잠기었다. 물소리는 흐르고 또 흘렀다. 그렇게 한참을 침묵 속에 머물러 있다가 소태산은 다시 말을 이었다.

"물소리를 듣고 있는 자리는 없고 없고[無無] 또한 없는 것도 없으며[亦無無], 아니고 아니며[非非] 또한 아닌 것도 아닌[亦非非] 자리이다."

"무무역무무를 깨달으면 『반야심경』의 '무'의 경지에 통달할 것이며, 비비역비비를 자각하면 『금강경』의 '비'의 경지에 또한 관통할 것이다."

소태산은 흐르는 봉래구곡의 물소리를 따라 '무비송無非頌'을 제자들에게 선물해 준 것이다.

"자, 이제 봉래구곡의 소식도 받았으니 봉래정사로 돌아가자."

소태산의 말에 따라 제자들은 자리를 털고 일어섰다. 제자들의 마음에는 온통 무無와 비非로 가득했다.

송도성은 속으로 외쳐보았다.

"무!" "비!"

순간 송도성의 마음엔 오직 무無만이 펼쳐졌고 오직 비非만 있었다. 무라는 자리에는 없고 없고 또한 없다는 것도 없었으며, 비라는 자리에도 아니고 아니고 또한 아니라는 것도 아니었다. 그러면서 또한 무와 비가 두렷하게 드러났다. 송도성은 흠칫 놀란 표정이었다.

'무'라는 한 소리와 '비'라는 한 방에 일체의 분별이 다 떨어져 나가고 그 배경에 역력히 흐르는 청정한 광명을 자각하였다.

소태산은 그러한 도심의 모습을 흐뭇하게 지켜보고 있었다. 어떤 것도 없으면서 무가 분명하고 어떠한 것도 아니면서 비가 역력한 공적영지空寂靈知가 두렷이 드러난 것이다. 봉래구곡에 우뚝 솟아 있는 적적성성한 선돌[立石]이 되었다. 구불구불 인생 아홉 구비인 순역경계의 물소리를 듣고 있는 선돌[立石]이 되었다.

오창건이 소태산에게 다가와서 말했다.

"스승님께서 전에 영광 단원들에게 무이구곡가武夷九曲歌를 보내신 뜻을 확실히 알겠습니다. '절경을 알고 싶으면 노 젓는 소리 두어 가락 한가하게 들어보라[欲識箇中奇絕處 櫂歌閑聽兩三聲]'는 뜻이 이거군요. 바로 이 자리네요."

"창건, 물소리를 듣고 있는 한가한 자리에 즉각 그치게나."

석두암으로 돌아온 소태산은 송규에게 물었다.

"내가 왜 무무역무무요 비비역비비를 말했는지 알겠는가?"

"스승님이 제정하시는 교법이 바로 이 자리에 근원 해 있기 때문입니다."

"자네 말이 옳다. 우리가 제정한 사은사요 삼강령 팔조목은 이 자리에 바탕 하여 제정된 것이며 이 자리에 바탕 하여 운용되어야 할 것이다."

"예, 스승님. 명심하겠습니다."

봉래계곡에 무無 소식이 울려 퍼졌으며, 또한, 비非 소식이 물소리에 진동하였다.

코멘터리Commentary

대종사 봉래정사에서 제자들에게 글 한 수를 써 주시되 "변산구곡로邊山九曲路에 석립청수성石立聽水聲이라 무무역무무無無亦無無요 비비역비비非非亦非非라." 하시고 "이 뜻을 알면 곧 도를 깨닫는 사람이라." 하시니라. 〈『대종경』 성리품 11장〉

봉래곡의 선돌[立石]은 천왕봉을 배경 삼아 흐르는 계곡 물소리를 들으며 입정하는 모습이며, 봉래곡은 대표적 풍광이라 봉래구곡으로도 불린다.

돌이 구르니 강도 흐른다

어느 날 석두 거사 소태산은 석두암을 나서시어 실상사로 향하였다. 실상사에는 주지 한만허 화상이 주석해 있었다. 한만허 스님은 석두 거사보다 35세 연장자였다. 석두 거사는 만허 스님과 함께 학명 스님이 계신 월명암으로 갈 준비를 하였다.

"만허 스님, 학명 스님이 스님 모시고 월명암에 소창 오라 합니다."

"나도 소식 받았네. 학명이 매번 내려오더니 이번엔 나보고 올라오라 하네그려."

"준비는 다 되었습니다. 출발하시면 되겠습니다."

"모처럼 도반들이 다 모일 듯하네."

실상사를 나선 소태산과 만허 스님 그리고 수행인들은 봉래곡 입구에 들어서서 산 능선을 따라 월명암으로 향하는 길에 올랐다.

실상사로 흘러내리는 구곡로의 천변[實相川邊]에 이르자 만허 선사가 혼잣말을 했다.

“강류석부전江流石不轉, 강물은 흐르는데 돌은 구르지 않는구나.”

석두 거사, 뒤따라가다가 큰소리로 외쳤다.

“강류하처거江流何處去, 강물은 어느 곳으로 흘러갑니까?”

순간 침묵이 흐르고 만허 선사 지팡이를 짚은 채 놀란 표정으로 아연啞然히 걸음을 멈추었다.

석두 거사, 천천히 말했다.

“석부전강불류石不轉江不流, 돌이 구르지 않으니 강물도 흐르지 않습니다.”

이어 석두 거사, 앞질러 두어 걸음 걷다가 뒤돌아보며 ‘스님’이라 부르니, 만허 선사는 석두 거사를 바라보았다. 이에 석두 거사 말했다.

“석역전강역류石亦轉江亦流, 돌이 또한 구르니 강도 또한 따라서 흐르지요.”

월명암 오르는 길에는 적막만 흐를 뿐, 수행하던 사람들도 이 뜻을 알지 못하였다. 강은 만허 선사이며 돌은 석두암에 거처하는 석두 거사 소태산을 칭한다. 석두 거사는 만 생령을 낚기 위해 석두암에서 법의 그물을 짜고 있으면서 당신을 석두 거사라 칭하며 칩거하고 있었다.

"강류석부전江流石不轉, 강물은 흐르는데 돌은 구르지 않는구나."

만허 선사는 나는 이렇게 중생 제도 하는 법을 펴고 있는데, 석두 거사 당신은 아직 저렇게 법을 펴지 못하고 식두임에 은거하고 있으니 아쉽다는 토로를 한 것이다.

이 질문에 대해 석두 거사 소태산은 근본적인 질문을 던진다.

"강류하처거江流何處去, 강물은 어느 곳으로 흘러갑니까?"

즉 "스님의 교화하는 강물은 어디로 흘러갑니까?"라는 근본적인 물음이다. 석두 거사는 단호하게 대답한다.

"석부전강불류石不轉江不流, 돌이 구르지 않으니 강물도 흐르지 않습니다."

석두 거사의 법이 구르지 않으면 만허 선사의 법도 흐를 수 없다는 것이다. 석두 거사의 웅대한 포부가 구곡로 계곡을 뒤덮었다.

이때 석두 거사는 만허 선사를 다시 부르며 말하였다.

"석역전강역류石亦轉江亦流, 돌이 또한 구르니 강도 또한 따라서 흐르지요."

미래의 불법은 석두 거사가 굴리는 그 길을 따라 불법의 강물도 따라 흐르게 될 것이라는 자부심이다.

또한, 석두 거사 소태산은 성리의 참모습을 말하고 있다. 없는 자리로 보면 돌도 구르지 않고 강물도 흐르지 않는 구공俱空의 자리이지만, 있는 자리로 보면 돌도 구르고 강물도 흐르는 자리

월명암 오르는 계곡길

인 것이다.

월명암 오르는 봉래곡의 계곡에는 돌이 구르지 않으면 강물도 흐르지 않고, 돌이 구르면 강도 따라서 흐를 뿐이었다.

이 소식을 아는가?

석두 거사는 월명암 오르는 길을 한참 오르더니 딱 트인 전망대에서 뒤돌아보았다. 왼쪽부터 신선봉, 관음봉, 세봉이 반기더니 저만치 인장바위가 반기었고 선인봉과 천왕봉이 또한 반기었다. 석두 거사 소태산의 뜻을 아는지 산천은 의연할 뿐이었다.

코멘터리Commentary

송도성 저서, 『대종사 약진』에 나오는 대목으로 석두 거사 소태산은 실상사 주지 한만허 화상과 동행하여 월명암에 오르는 봉래곡 실상천변 냇가에서 문답한 내용이다.

하루는 대종사께서 실상사 주지 한만허 화상과 동행하여 월명암에 올라가시더니 실상천변 흐르는 물가에 이르러서 만허화상 문득 혼자 입속으로 "강류석부전江流石不轉이로구나." 하고 가거늘 대종사 뒤에 따르시다가 큰소리로 "강류하처거江流何處去오" 하고 외치시니, 만허 화상 작지를 멈추고 서서 아연啞然하는지라, 대종사 서서히 가라사대 "석부전강불류石不轉江不流로다." 하시고, 두어 걸음 걸어가시다가 다시 만허 화상을 부르시어, "석역전강역류石亦轉江亦流라." 하시니, 그때 수행隨行하던 자, 그 뜻을 알지 못하더라. 〈『대종사약전』 중에서〉

산부처와 실지불공

실상초당 사립문을 따라 영산홍이며 목단이며 작약이 피어났다. 초당 옆 웅덩이 못에는 억새가 무성하였고 올챙이들이 노닐었다.

터벅터벅 발소리가 들렸다. 노부부가 앞뒤로 걸어오고 있었다. 변산 근방의 박 주사라 불리는 양주兩主 노인이었다.

상투 머리에 정자관을 쓰고 턱수염까지 기른 석두 거사 소태산은 실상초당 마당에서 평소 안면이 있는 박 주사를 알아보고 인사를 건넸다.

"노인장께선 어딜 가시오?"

"실상사에 불공 하러 가오."

"어쩐 일로 불공 하러 가십니까?"

"우리 며느리가 어찌나 불순한지 실상사 부처님에게 며느리속 좀 들게 해달라고 불공드리러 가오."

양주 노인의 하소연을 한동안 묵묵히 듣고 난 뒤 석두거사가 물었다.

"그래, 꼭 실상사 부처님만 부처로 알고 가장 가까이 있는 산부처에게 불공할 줄은 모르신가요?"

실상사 옛 모습(원기28년 촬영)

노부부는 무슨 뜻인지 몰라 되물었다.

"산부처가 어디 있소?"

"데리고 사는 며느리가 산부처이지요. 며느리가 살아있는 생불生佛입니다. 그러니 그 불공 비용을 가지고 며느리에게 공들여 보시지요."

"아니, 우리 며느리가 진짜 부처요?"

"부처지요. 효도하고 불효할 권능을 가진 부처지요."

"그러면 며느리에게 어떻게 하라는 거요?"

"오늘 이것 가지고 가면 쌀 씻어 메밥 지어 실상사 불상 전에 밥 지어놓고, 또한 그 돈으로 나물 좀 사고 떡도 좀 만들어 오늘 저녁 하루 불공하고 갈 것이지요?"

"그렇소."

"그러지 말고 내 시키는 대로 해 보시지요"

"내가 어떻게 하면 되겠소?"

"일단 이 쌀 팔아 돈을 장만하신 후 이 돈으로 한 달만 며느리에게 불공해 보시지요. 꼭 제가 시키는 대로 해야 합니다."

"그리해보리다. 그럼 우리 며느리가 이 시부모에게 잘하겠소?"

"잘하다마다요. 며느리가 무엇을 제일 좋아하던가요?"

"요즘 유행하는 번쩍번쩍하는 인조 옷 한 벌 해 달라고 했는데 못 해줬더니 화를 냅디다."

"그러면 실상사 등상불에 불공한 폭 잡고 요 돈으로 인조 옷 한 벌 떠다가 몰래 농 속에 넣어 두세요."

"그리하리다."

"대신 제가 하라는 대로 해야 합니다. 그리고 열흘 뒤에 저에게 와서 감정을 받으세요. 절대 잔소리해선 안 됩니다. 밥이 질면 질어서 좋다, 되면 고실고실해서 좋다, 옷이 길면 길쭉해 점잖아 좋다, 짧으면 잘록해서 활발해 좋다고 하고, 하여튼 잔소리는 일체 하지 마시오. 그리고 손자 놈 업어주고 코도 닦아주고 예쁘다고 해주며, 무거운 나락 다발 보리 다발도 좀 날라주고 하세요."

노인 부부는 석두 거사 시키는 대로 번쩍번쩍한 인조 저고리를 떠다가 며느리 모르게 장롱에 넣어 놓았다. 그러자 며느리는 이를 보고는 좋아하지도 않고 빈둥빈둥하고 두런두런하였다.

"흥, 내일은 서쪽에서 해가 뜨겠구먼, 무슨 맘 먹고 그러지?"

노부부는 그래도 내버려 두고 석두 거사 하라는 대로 하고, 열흘이 지난 후 감정받으러 봉래정사를 찾아왔다.

경과 이야기를 다 듣고 석두 거사 물었다.

"아직 돈 남았지요."

"아직 많이 있소."

"또 며느리가 뭘 좋아하나요?"

"비싼 미투리 하나 사 달라고 했는데 못 사줬소."

"아, 저런. 자, 이 돈은 실상사 등상불께 불공하면 다 들어갈 돈이니까, 없는 폭 잡고 며느리가 신 벗고 방에 들어가거든 지푸라기로 재서 발에 맞는 미투리 하나 사다 놔요. 그리고 잔소리는 안 했는가요?"

"잔소리 안 했소이다."

"아, 방아도 좀 찧어 주었지요?"

"방아도 여러 번 찧어 주었소."

그 뒤에 신을 사다 놓으니 며느리가 그때는 두런두런하는 것이 아니라 입이 뻥긋해졌다.

"참, 우리 시부모님이 돌아가시려나 보다."

며칠 뒤 박 주사만 봉래정사를 찾았다.

"박 주사 어른, 시키는 대로 했지요?"

"거사님 시키는 대로 했소."

"또 며느리가 뭘 좋아하던가요?"

"은비녀를 원했는데 못 사줘서 마음에 걸리오."

"돈 남았지요?"

"아직 얼마는 남아 있소."

"은비녀 하나 사다 줘요."

나중에 은비녀를 사다 주니 며느리가 입이 함지박만큼 벌어졌다. 손자 예뻐하고 집 잘 봐주고 좋은 것은 다 사다 주니 세상에 우리 시부모님 같은 사람이 천하에 없다 싶었다. 그 뒤로 며느리 생각이 바뀌었다.

'내가 왜 그리 나빴던가. 시부모님 미워하고 죽기를 바랐던가. 참 내가 나쁜 년이야. 저런 시부모님 잘못해 드렸다간 내가 벌 받겠다.'

그 뒤부터는 일이 거꾸로 되었다.

며느리가 시부모를 공경하는데 두루마기가 조금만 더러워도 알뜰히 살피었다.

"아유 아버님, 두루마기 벗으세요. 다른 집 사랑방에 가면 흉보겠어요."

"거, 뭐 시커멓다고 그러냐. 괜찮다."

"아니어요, 아버님. 빨아서 다듬질하게 벗어 주세요."

이처럼 시아버지 옷을 옥같이 빨아서 다듬이질하여 올렸으며, 전에는 보리쌀에다 쌀 한 줌 꼭 묻어서 제 새끼들만 퍼주고 시부모는 보리밥만 주더니, 이제는 쌀밥만 시부모 상에 올렸다.

"애야, 애들이나 줘라."

"아니어요. 쟤들은 한창 크니 아버님이 드셔야 해요."

아파도 약 한 첩 안 다려 주고 미음 한 그릇 안 쒀 주던 사람이 시부모가 아프다 하면 밑에 쌀 깔고 위에 보리 놓아 누릇누릇하면 주걱으로 문대어서 해 주는데 어찌나 잘하든지 시부모 마음이 녹아날 지경이었다.

'세상에 저런 며느리를 내가 왜 미워했든가.' 시부모 마음이 이러할 때 또 며느리는 며느리대로 '어쩌든지 시부모님 오래오래 사세요.' 하고 서로를 위했다. 세상에 저 며느리 없으면 내가 죽은 뒤 누가 봉제사하며, 저 며느리 없으면 누가 이쁜 손자를 낳아주겠는가.

그리하여 며느리는 시부모님 없으면 못 살고, 시부모는 며느리 없으면 못 사는 관계가 된 것이다. 날이면 날마다 웃음꽃을 피우며 살았다.

며느리가 효도하고 불효할 권능을 가진 부처이다. 살아있는 산부처이다. 석두 거사 소태산은 실상사 가는 길 실상초당 앞에서 불공의 대상을 명확히 알아서 실지불공을 하라고 가르쳐 주신 것이다. 장엄된 등상불을 모시고 있는 실상사 가는 길에서 소

실상초당 실지불공의 길

태산은 산부처를 천명하였다.

처처불處處佛을 드높이고 있다. 처처불상은 효도하고 불효할 권능을 가진 당처불이다. 청정한 마음으로 보면 모든 존재가 죄도 줄 수 있고 복도 줄 수 있는 권능자로 드러나는 것이다. 처처가 부처님으로 드러나는 것이다. 이처럼 처처불상을 알아야 사사불공을 할 수 있는 것이다.

처처불상은 법력이 높은 수행자만을 가리키는 것이 아니라 나에게 해로움도 줄 수 있고 즐거움도 줄 수 있는, 내가 지금 만나고 있는, 있는 그대로의 인연들이다.

텅 비어 고요한 자리에서 드러나는 만유가 처처불상이며, 신령하게 알아차리는 자리에서 드러나는 존재가 바로 처처불상이다. 우리는 이러한 처처불상의 산부처를 받들어 삶에서 사사불공 잘하여 인장바위의 도장을 받아야 할 것이다. 처처불상의 산부처에게 사실적인 불공을 하자는 것이다. 이것이 바로 실지불공인 깃이다.

실상사 등상불에게 불공하러 가는 길목인 봉래정사 실상초당 앞에서 소태산은 산부처에게 실지불공하라고 법문하고 있다.

코멘터리Commentary

'산부처와 실지불공' 이야기는 공타원 조전권 설교집, '행복자는 누구인가'의 설교에 근거한 것이다.

실상사의 등상불은 어떠한 모습이었을까? 실상사는 변산 인근의 중심 사찰이었으며 고려 초의 불상과 관음상이 있었으며 그 규모의 크기나 기예의 정교함이 유명했다 한다. 실상사 등상불은 6·25 한국전쟁 때 모두 소실된다.

대종사, 봉래정사蓬萊精舍에 계실 때에 하루는 어떤 노인 부부가 지나가다 말하기를, 자기들의 자부子婦가 성질이 불순하여 불효가 막심하므로 실상사實相寺 부처님께 불공이나 올려 볼까 하고 가는 중이라고 하는지라, 대종사 들으시고 말씀하시기를 "그대들이 어찌 등상불에게는 불공할 줄을 알면서 산부처에게는 불공할 줄을 모르는가." 그 부부 여쭙기를 "산부처가 어디 계시나이까." 대종사 말씀하시기를 "그대들의 집에 있는 자부가 곧 산부처이니,

그대들에게 효도하고 불효할 직접 권능이 그 사람에게 있는 연고라, 거기에 먼저 공을 들여 봄이 어떠하겠는가." 그들이 다시 여쭙기를 "어떻게 공을 들이오리까." 대종사 말씀하시기를 "그대들이 불공할 비용으로 자부의 뜻에 맞을 물건도 사다 주며 자부를 오직 부처님 공경하듯 위해 주어 보라. 그리하면, 그대들의 정성을 따라 불공한 효과가 나타나리라." 그들이 집에 돌아가 그대로 하였더니, 과연 몇 달 안에 효부가 되는지라 그들이 다시 와서 무수히 감사를 올리거늘, 대종사 옆에 있는 제자들에게 말씀하시기를 "이것이 곧 죄복을 직접 당처에 비는 실지불공實地佛供이니라." 〈『대종경』 교의품 15장〉

인장바위와 제도의 묘방

학명 선사와 만허 선사 두 노승은 한 문중의 사형제로 월명암과 실상사의 주지였다. 변산 월명암에 학명 스님이 주석하였고, 실상사에는 만허 스님이, 봉래정사 석두암에는 소태산이 거주하고 있었다. 학명은 소태산보다 24세, 만허는 35세 연장자로, 이 셋은 나이를 뛰어넘어 앞날을 격려도 하고 선문답도 주고받는 사이였다.

한만허 선사 진영

백학명 선사 진영

하늘은 높고 바람은 청량한 날이었다. 석두 거사 소태산은 발걸음을 옮겨 실상사로 향했다. 경내에 들어서니 노기를 띤 소리가 들렸다. 만허와 학명 두 선사가 젊은 상좌를 꾸짖고 있었다. 두 선사는 때마침 찾아온 소태산에게 하소연을 풀어놓았다.

인장바위

"이 상좌는 참선을 권하여도 종내 듣지 않소."

"이 자리에 불보살이 출현한다 해도 제도 못 할 버린 물건이요."

만허 화상과 학명 화상이 번갈아 가며 노기를 토했다. 두 선사의 하소연을 듣던 소태산은 잠시 침묵하더니 말문을 열었다.

"만허 스님, 학명 스님. 제가 저 건너 인장바위 속에 금이 있다고 하면 캐시겠습니까?"

소태산의 갑작스러운 질문에 두 화상의 노기가 잠잠해졌다.

"지금 상좌를 꾸짖는 것이 마치 실상사 맞은편에 솟아 있는 인장바위를 가리키며, 저 인장바위 속에 금이 들어 있으니 캐라고 다그치는 것과 매한가지입니다."

만허 화상이 물었다.

"그렇다면 어떻게 해야 하오?"

"남의 원 없는 것을 강제로 권하는 것은 결과적으로 그 사람이 영영 그 일을 싫어하게 하는 것입니다. 또 말씀드리는데 제가 지금 화상에게 저 인장바위 속에 금이 들었으니 무조건 채굴하라고 권하면 제 말을 믿고 바로 시작하시겠습니까?"

"그것은 생각해 봐야겠소."

"저 상좌는 아직 참선에 대한 취미도 모르고 아무 발원도 없기에 제가 만일 강제로 참선을 권하면 필시 제 말을 더욱 허망하게 여길 것입니다. 허망하게 여길 때에는 영영 참선을 아니 할 것입니다."

옆에서 만허와 소태산의 문답을 듣고 있던 학명이 불쑥 물었다.

"그렇다면 저 젊은 상좌를 제도하는 묘방이 있소? 어떻게 해야 하오?"

"저 바위 속에 금이 든 줄을 알았거든 내가 먼저 채굴하여다가 그것을 광채 있게 쓰면 사람들이 나의 부유해진 연유를 알고자 할 것입니다. 그 알고자 하는 마음의 정도를 보아서 그 내역을 말하여준다면 그 사람들도 감사히 그 금을 채굴하려 할 것입니다. 이것이 사람을 제도하는 묘방일까 합니다."

만허와 학명 두 노승은 소태산의 묘방을 듣더니 자세를 고쳐 앉으며 찬탄하였다.

"석두 거사가 제도하는 방법은 참으로 광대하오."

실상사와 인장바위

실상사 앞산 중턱에 우뚝 솟아 있는 인장바위가 하늘을 향해 더욱 우쭐거렸다. 도장圖章을 세워놓은 듯 장군처럼 솟아 있는 인장바위가 석두 거사 소태산과 두 노승의 대화를 증언하는 듯 당당했다.

만허 스님이 말문을 열었다.

"세상에 변산이 노출될 때 천불만성이 나온다는 말이 있고, 변산이 드러나서 실상동에 콩 튀듯이 도인이 나오면 인장바위가 인정한다는 말이 있는데 오늘이 바로 그날인 듯하네."

소태산은 두 노승을 존중하는 마음으로 사뢰었다.

"스님들께서 이곳에서 수행해온 공덕으로 변산에서 도인들이 콩 튀듯이 나올 것입니다."

학명 선사가 소태산의 손을 잡으며 말했다.

"석두 거사, 우리가 할 일이 바로 이 일 아닌가. 오늘의 문답처럼 어서 제도 사업에 나서주길 바라네."

소태산은 말없이 웃음으로 답할 뿐이었다. 실상동에 도담道談이 이어지고 펼쳐지는 장관을 인장바위는 지켜보고 있었다. 소태산과 두 노승의 이야기를 듣고 있던 인장바위는 하늘을 향해 심고하였다.

'석두 거사 소태산의 가르침처럼 다른 사람의 원 없는 데에는 무슨 일이든지 강권強勸하지 말고 자기가 먼저 실지를 보여주는 솔성의 도가 이 산하대지에 펼쳐지도록 하옵소서.

또한 석두 거사 소태산과 만허와 학명 두 노승이 서로 문답하면서 배우는 모습처럼 누구와도 문답하는 가운데 배울 것이 있다면 광대하게 수용할 수 있는 열린 마음이 되도록 하옵소서.'

인장바위의 인가하는 소리가 실상동 계곡을 울리었다. 실상동은 도의 실상이 넘실거리는 계곡이었다.

코멘터리Commentary

실상사는 석두 거사 소태산 대종사가 인장바위를 가리키며 두 노승에게 참지도의 방법을 제시한 기연처이다. 이춘풍은 자신이 지은 〈변산가〉에서 인장바위를 가리키며 "장章바우는 철주 중심 맹세하고 군신입조群臣入朝 도장 치네."라고 노래한다. 이 말은 실상사 뒷산인 천왕봉이 도학골의 층암절벽을 군신봉으로 삼아 옥쇄인 인장바위를 놓고 신하들의 조회를 받는 형국이라는 뜻이다. 이 형국처럼 우리들도 소태산 대종사를 스승으로 모시고 그 법문에 귀의하여 상하좌우의 법동지들과 함께 문답을 나누며 인장바위의 법인[法印·法認]을 받도록 해야 할 것이다.

바닷물을 되어 보았는가

법성포를 나선 화륜선火輪船은 해안을 따라 나아갔다. 동력선인 윤선은 긴 연기를 내뿜으면서 바다를 가로질러 갔다. 저 멀리 섬들이 보이고 갈매기들은 배와 경쟁하듯 이리저리 비행하였다. 몇몇 배들은 칠산 바다를 향해 지나갔고 점점이 보이는 섬들은 자욱한 안개에 가물거렸다. 상투 머리에 검은 턱수염을 기른 소태산은 적묵에 잠긴 채 바다를 바라볼 뿐이었다. 통통거리는 화륜선의 발동 소리만 바다를 가득 채울 뿐이었다.

그렇게 바다를 지나고 또 지나는 가운데 윤선은 계마항을 지나 가마미에 이르렀다. 갑자기 사람들이 소원을 빌기 시작했다. 산 중턱의 울긋불긋 천들이 나부끼는 신당을 향해 비손이 되어 빌고 빌었다.

"얼마나 많은 사람이 과거 이래로 이곳에서 무사 항해와 소원을 빌었을까?"

적묵 속에서 뭇 사람들의 간절한 소원이 소태산의 가슴에 파고들었다. 바다도 푸르고 해안을 따라 펼쳐진 산도 푸르렀다. 짙푸른 산을 따라 윤선은 긴 연기를 뿜으며 바다로 나아갔다.

어느덧 윤선은 구시포를 지나 동호를 거쳐 심원에 이르렀다. 소태산은 실내 공기가 좀 답답하여 뱃전으로 나왔다. 맑은 공기가 소태산의 얼굴을 스쳐 지나갔다. 바다 공기는 신선하였다.

저 멀리 연화봉과 선운산 일대의 산자락이 치마폭처럼 펼쳐 있었다. 소태산은 한때 선운사 산내 암자에서 며칠간 머물렀던 때가 생각났고 고창 연화봉에서 절실하게 수행했던 때가 가슴에 사무쳤다. 어찌해야 할지 몰라 이리저리 헤맸던 시절이 주마등처럼 스쳐 갔다. 소태산은 고창 연화봉에서 간절했던 수행이 다시 떠올랐다. 소태산은 혼잣말로 되뇌었다.

'그때 목숨을 걸고 수행했지. 그 마음이 첫 마음이자 끝 마음이었어.'

고창 심원을 건너 변산반도가 눈앞에 어렴풋하게 다가왔다. 어느덧 곰소 앞 죽도가 저 너머에 보였다. 윤선은 긴 연기를 내뿜으며 줄포만을 거슬러 줄포항에 다다랐다. 사람들은 짐을 이고 지고 내렸다. 소태산은 뱃전에서 저 멀리 줄포만을 보고 또 보았다.

이윽고 소태산은 줄포항을 벗어나 길을 따라 종곡으로 향하

줄포 옛 포구

였다. 종곡집은 이춘풍이 관리하고 있었다. 변산 봉래정사에 가려면 하루 유숙할 곳이 필요해서 마련해둔 곳이다.

"잘들 있었나?"

"예, 스승님."

이춘풍과 그의 처 정삼리화, 그리고 춘풍의 양아들 총순과 경순·정화 두 자매가 맞이했다. 정삼리화는 어느새 저녁상과 잠자리를 준비했다.

"내일 새벽에 봉래정사로 가야 하니 오늘은 일찍 자세."

소태산은 이른 저녁을 하고 잠자리에 들었다. 줄포만에 해가 비치자 소태산은 벌써 떠날 채비를 하고 나왔다. 춘풍의 처 삼리화가 나와서 봉래정사로 나서는 스승을 배웅했다. 춘풍은 소태산과 대동하기 위해 함께 나섰다.

"길동무를 해 주니 든든하네."

소태산의 다정한 말에 춘풍은 발걸음이 더욱 가벼웠다.

"스승님을 모시고 가는 이 길은 저에게는 너무도 기쁘고 소중합니다."

"어서 가세나. 다들 기다리고 있겠네."

종곡에서 우동마을을 지나 바디재를 넘어 거석리를 거쳐 노적미 백천내 사자동을 지나 실상동에 이르는 길은 소태산과 제자들에겐 정다운 길이었다. 아름다운 산천 변산을 따라 걷다보니 어느새 봉래정사에 다다랐다. 이춘풍은 앞서서 봉래정사에 도달해 소태산의 귀환을 알렸다.

제자들은 인사를 올렸다.

"스승님, 먼 길에 별일 없으시었지요?"

김남천이 나서서 소태산에게 안부 인사를 올렸다.

"별일 있었네."

남천은 놀란 표정으로 다시 여쭈었다.

"무슨 곤란한 일이라도 있었습니까?"

"별일은 아니고 오다가 감각 감상이 있었네."

남천을 비롯한 송적벽, 그리고 남천의 딸 혜월 그녀의 외손녀 이청춘은 쫑긋 귀를 세웠다.

"내가 윤선으로 법성포에서 이곳까지 오면서 바닷물을 다 되어 보았고 고기 수도 다 헤아려 보았네. 그대들은 그 수를 알겠는가?"

소태산의 감각 감상과 질문에 대중은 어안이 벙벙했다. 소태산은 남천을 비롯한 봉래정사의 제자들에게 말문을 다시 열었다.

"바닷물도 다 되어볼 수 있고 고기 수도 다 헤아릴 수 있는 자리를 알아야 하네."

"남천, 알겠는가?"

소태산의 물음에 남천은 말문이 막힐 뿐이었다.

"바닷물이며 고기 수를 다 헤아릴 수 있는 자리는 크고 작고 좁고 넓은 한계가 없다네. 어떠한 한계도 걸림도 없는 무애無碍한 자리이지."

봉래정사에는 침묵만 흐를 뿐이었다.

"이 자리를 보아서 이 자리로 바닷물도 되어 보고 저 바닷속의 고기도 다 헤아려 볼 수 있어야 하네."

남천이 물었다.

"어찌해야 그렇게 될 수 있습니까?"

"바다가 되면 되지!"

침묵이 실상동을 더욱더 깊게 감싸 안았다.

"한 생각을 놓아버리면 바다가 되네."

"좋다 싫다 이거다 저거다 하는 한 생각을 떨쳐버리면 그 자리가 바다와 하나가 되는 자리네."

"바다와 하나가 되면 바닷물 전체를 되어 볼 수 있고 모든 고기 수도 헤아릴 수 있는 것일세."

남천은 소태산의 연이은 말씀에 의심의 고리가 가슴 깊이 걸리어 깊이깊이 파고들었다.

봉래정사에는 의심의 동심원이 만들어지기 시작했다.

코멘터리Commentary

대종사, 영산으로부터 봉래정사에 돌아오사 한 제자에게 말씀하시기를 "내가 영산에서 윤선輪船으로 이곳에 올 때 바닷물을 보니 깊고 넓은지라, 그 물을 낱낱이 되어 보았으며 고기 수도 낱낱이 헤아려 보았나니, 그대도 혹 그 수를 알겠는가?" 하신데, 그 사람이 말씀 뜻을 짐작하지 못하니라. 〈『대종경』 성리품 12장〉

소태산 대종사가 곰소에 내왕할 때는 범섬-나룻산 일대의 곰소항이 개발[일제 강점기 말기]되기 전이기 때문에, 법성포-변산 간 바닷길은 변산 입산 초기에는 주로 곰소의 진서·진동·연동 앞 바다[백포 일대]를 이용했을 것으로 여겨진다.

숨은 도인, 내소사 공양주

원기8년(1923) 어느 날.

상투 튼 머리에 검은 턱수염을 기른 33세의 석두 거사 소태산은 영광 길룡리에서 변산 봉래정사로 돌아가는 길에 이춘풍이 관리하는 줄포 신복리 종곡집에 들렀다.

"춘풍, 잘 있었나?"

"어인 일로 연락도 없이 이렇게 오셨습니까?"

"이곳이 연락하고 오는 곳인가? 가다 오다 들러 유숙하기 위해 장만한 집 아닌가?"

"그렇지요. 스승님이 저를 이곳으로 이사하게 한 것도 이 집을 관리토록 하기 위해서지요."

"자네가 경상북도 김천 금릉에서 이곳 부안 변산까지 두 번 망설임 없이 이사 오지 않았는가?"

"스승님 가까이 살고 싶어서 기쁜 마음으로 왔습니다. 동지들이 봉래정사에 오갈 때면 들러서 가니 이보다 좋을 수 없습니다."

"춘풍, 오늘은 날도 좋으니 내소사 참배도 하고 소창도 하세."

"저야 좋지요. 채비하겠습니다."

이춘풍은 물병 등 간단한 준비물을 봇짐에 꾸렸다. 소태산과 이춘풍은 신복리 종곡에서 연동, 진동, 진서 마을을 거쳐 백포재를 넘어 산길을 따라 내소사에 이르렀다.

내소사 입구의 전나무는 용장한 장수처럼 우뚝 솟아 있었다.

"이 전나무는 정말 멋지네요. 이보다 더 좋은 장엄은 없을 듯합니다."

춘풍의 찬탄에 소태산도 찬탄하며 말씀하셨다.

"내소사 부처님을 참배하기 전에 벌써 참 부처님이 우리를 맞아주는구먼."

내소사 전나무길

소태산은 한참 동안 아름다운 전나무 길을 걷다가 춘풍을 불렀다.

"춘풍."

"예, 스승님."

"전나무가 보이지."

"여기에 전나무 말고 또 무엇이 있습니까?"

"전나무가 경계로만 보이면 안 되네."

"전나무를 제가 보고 있지 이것 말고 다른 무엇이 있습니까?"

"전나무가 분별의 경계로만 보이면 안 된다는 것이네."

말 없는 가운데 소태산과 춘풍은 전나무 길을 몇 발짝 더 거닐었다.

"전나무가 드러나는 자리를 봐야 하네. 그 자리에서 전나무가 환히 드러나야 해."

소태산의 직설에 춘풍은 방금 보았던 전나무가 그냥 전나무로 보이지 않았다. 소태산은 미소를 지으며 말을 이었다.

"오늘은 내소사 소창하러 왔으니, 어서 경내 구경하세나."

소태산과 춘풍은 전나무 숲을 거닐어 범종각을 지나 설선당에 이르렀다.

"스승님, 공양간에 큰 솥이 걸려 있는데요. 이 솥에 밥을 지으면 절간 대중을 다 공양할 수 있을 듯합니다."

"정말 크군. 옛날 내소사 공양주가 이 솥에 불 지필 장작을 장만했겠지?"

내소사 설선당 공양간과 가마솥

"내소사 공양주가 장작도

준비하고 불도 때고 잡다한 일도 했겠지요. 그렇다면 이곳이 내소사 공양주의 일터이겠네요."

"허허, 그런가. 내소사 공양주는 평생 대중에게 공양주 노릇만 하느라 선禪 한번 난 적이 없었다네. 절간의 궂은일만 했던 것이지. 그러면서도 그 일을 재미 삼아 낙도 생활을 하였다네. 불평하는 마음 없이 살았다 하니 어찌 그 깊은 속을 대중이 알 수 있었겠나?"

"숨은 도인이네요."

"내소사 공양주 이야기를 해 줄테니 잘 듣게나."

소태산은 내소사 경내를 쭉 둘러보더니 말문을 열었다.

"내소사는 중들이 많이 사는 절이라 품삯을 주고 공양주를 두었는데, 하루는 더벅머리 총각이 찾아와서 공양주를 시켜달라며 품삭은 주지 않아도 되니 대신 고승들의 법문을 듣게 해 달라는 것이야."

"이후 더벅머리 총각은 공양주 생활을 하면서도 뭐가 그리 좋은 나무할 때도 싱글벙글, 아궁이에 불을 때면서도 싱글벙글, 밥을 하고 청소를 하면서도 싱글벙글, 항상 즐거운 마음으로 일을 했다는 것이지."

"이렇게 무보수로 공양주 노릇하는 더벅머리 총각을 보고 사람들은 중도 아니고 속인도 아니라고 비아냥거렸지만, 공양주 총각은 그때마다 '나야 밭에서 죽으면 밭 임자가 치울 것이요, 산에서 죽으면 산 임자가 치울 것이며, 물에서 죽으면 물 임자가 치울 것 아니오?'라고 했다는 게야."

"그리고 공양주는 더벅머리 총각이었기에, 스님들이 '머리나 깎으면 어디 가든지 스님으로 모시고 밥은 줄 터이니 머리를 깎으라.' 하면 '이대로가 좋습니다.' 하고서 머리가 길어지면 잘라 팔아 경經 만드는데 쓰도록 했다는 게야."

"그는 이렇게 비아냥거리는 속에서 궂은일을 감내하면서도 약속대로 고승들의 법문만은 문밖에 걸터 앉아 청법하였다는 것이지."

"이렇게 누구 하나 더벅머리 공양주에게 눈을 돌리지 않는 중에, 세월은 흘러 여러 해가 지난 어느 날, 갑자기 공양주가 아무 말 없이 사라져 버리자 스님들은 궁금하여 찾아보니 담밖에서 서기가 방광하는 게야?"

"그래서 서기가 방광하는 담장 뒤편에 가 보니 더벅머리 공양주가 앉은 채로 빛을 발하며 열반에 든 것이지. 그제야 스님들은 더벅머리 공양주가 큰 도인이었다는 걸 알고 합장배례하며 정중히 모셨다는 게야."

연이은 소태산의 말씀에 춘풍은 더욱 귀를 쫑긋 세우며 경청했다.

"평생 똥지게만 지고 일만하라고 한다면 불평 없이 살 수 있는지 대조해 봐야할 것이야. 내소사 공양주는 숨은 도인이요 여래네."

"설마 더벅머리 공양주가 여래의 화현化現인지 누가 알았겠습니까? 다음부터 공양주의 흔적이 있는 공양간과 가마솥을 허투루 봐선 안 될 듯합니다."

"큰 도인은 흔적 없는 자리에 들어 궂은일도 마다하지 않네. 마음 당체는 궂은 것이 없는 자리이지. 이 자리에서 궂은일을 했기에 흔적 없이 공양주 역할을 다한 것이네."

"스승님, 명심하겠습니다. 그래서 내소사 들어오는 길목에서 전나무가 드러난 자리를 보라 하신 것이군요."

"춘풍, 이제 마음자리에 한 발 들어섰네그려."

"다 스승님 지도 덕분입니다. 하하하."

"내소사 대웅전 부처님이 바로 이 자리를 표현하고 있으니 어서 가서 참배하세나."

춘풍은 소태산을 모시고 계단을 올라 대웅전에 들었다. 소태산은 허공 가득한 텅 빈 마음으로 불전佛前에 심고를 올렸다. 이 춘풍은 소태산의 텅 빈 심고에 잡념이 하늘하늘 녹아났다. 춘풍의 눈에는 이제 부처님의 형상이 아닌 부처님의 심체가 드러나 보였다.

대웅전을 나온 이춘풍은 미소 지으며 소태산에게 여쭈었다.

"스승님, 전나무가 드러난 자리가 바로 부처님 자리네요."

"허허, 사넨 이제 형상이 아닌 실상을 보실 수 있게 되었네그려."

"형상에 잡히지 말라는 것도 문자에도 잡히면 안 된다는 것도 이 자리네요."

"더벅머리 총각, 내소사 공양주도 이 자리를 모시고 살았던 것이지."

"이 자리로 살았기에 궂은일에도 궂은일을 했다는 흔적이 없었네요."

"내소사 공양주는 심불心佛을 모시고 산 것이지."

"이 자리가 스승님께서 일러주신 대원도大圓圖이겠네요."

"일전에 자네에게 그려주지 않았나? 이 자리가 바로 크고 두렷한 실상이네."

소태산은 손가락을 허공에 튕기며 이춘풍에게 말했다.

"바로 이 자리가 부처님의 심체心體이며 제불제성의 마음자리이니 의심하지 말게나."

이춘풍은 하늘 가득 텅 빈 마음으로 넘실거렸고, 내소사 산천도 맑고 푸른 기상으로 가득하였다.

코멘터리Commentary

"대종사께서 내소사 공양주를 여래라고 하셨다. 그 공양주가 더벅머리 총각이었는데, 스님들이 '네가 머리나 깎으면 어디 가든지 스님으로 모시고 밥은 줄 터이니 머리를 깎으라'고 하면 '나는 이대로가 좋다'고 하며 머리가 아주 길면 잘라 팔아서 경經 만드는 데 쓰도록 하였다. 그가 바로 여래의 화현化現이었으니 누가 알았겠느냐? 우리 회상에도 그런 인물이 많이 나와야 한다." 〈『대산종사법어』 제3집〉

내소사 공양주 법문

오늘은 내소사 공양주 정신을 닮으라 하신 법문을 하시었습니다.

"그 공양주는 평생동안 대중에게 공양주 노릇만 하였고 선공부는 한 번도 안 하였다고 한다. 그래도 공양주는 대중에게 밥을 하여 주면서도 항상 즐거운 낙도생활만 하였으며 불평심은 없이 살았다 하니 그 공양주는 심중에 참 공부길을 대중잡고 수십년을 동정일여 공부를 속으로 한 것이라. 하루는 공양주가 없어져서 찾으니까, 뒷 담장 옆에 앉아서 열반을 하였고 서기 방광을 하였다고 한다. 그것이 좌탈입망한 것이니, 공양주가 큰 도인이다." 하시고, "너희보고 평생을 똥지게만 지고 일만 하라 한다면 불평 없이 살겠는가 대조하여 보아라." 하시었습니다. 〈묵타원 권우연 수필, '대종사 법문'〉

"내소사란 절에는 중들이 어찌도 많이 사는지 월급을 주고 공양주를 부릴 정도였다. 하루는 더벅머리 총각이 오더니 "나는 돈을 안 주어도 좋으니 틈틈이 고승석덕高僧碩德들의 법문을 듣게 해 주십시오."라고 사정해 함께 살게 되었다. 공양주 총각은 뭐가 그리 기쁜지 나무할 때도 싱글벙글, 아궁이에 불을 때면서도 싱글벙글, 밥을 하고 청소를 하면서도 싱글벙글, 항상 즐거운 마음으로 일을 하였다. 승려들은 무보수로 공양주 노릇하는 총각을 보고 "중도 아니고 속인도 아니다."고 비아냥거렸다. 공양주 총각은 그때마다 "나야 밭에서 죽으면 밭 임자가 치울 것이요, 산에서 죽으면 산 임자가 치울 것이며, 물에서 죽으면 물 임자가 치울 것 아니오?"라고 말했다. 그는 중노동을 감내하면서도 약속대로 고승들의 법문만은 다 청법하였다. 스님들은 시주 받고 노는 것 등으로 세월을 보낼 뿐 누구 하나 하찮은 공양주에게 눈을 돌리지 않았다. 여러 해가 지난 어느 날, 갑자기 공양주가 아무 말 없이 사라져 버리자 스님들은 공양주를 찾기 시작하였다. 무슨 영문인지 몰라 궁금했기 때문이었다. 그때 대웅전 뒤 담장 옆에서 서기가 방광했다. 스님들이 모두 서기가 방광하는 곳으로 달려가 보니 더벅머리 공양주는 이미 앉은 채로 열반에 든 상태였다. 그제야 스님들은 공양주가 큰 도인이었다는 것을 알았다고 한다."
〈권우연 교무의 '대종사님의 그때 그 말씀', 월간원광. 서문 성, 『원불교초기 교단예화모음』〉

청련암 험한 재와 일행삼매

"스승님, 내소사 대웅전 문살이 참으로 아름답네요."

"이건 연꽃이고 저건 국화이고 대웅전 문이 꽃살 무늬로 꽃밭이네그려."

"어찌 이렇게 문을 화사한 꽃밭으로 만들 생각을 했을까요?"

"들녘의 온갖 풀꽃들이 하나하나 눈부시게 피어나듯이 이곳도 모든 생령이 다 부처로 꽃피는 도량이라는 것이지."

"저 문살의 연꽃이나 국화뿐만 아니라 들판에서 흔히 보는 엉겅퀴도 할미꽃도 달개비도 민들레도 고마리도 다 소중한 꽃이라는 것이네요."

"부처님의 지혜로 보면 우리가 사는 이 세상이 다 처처불상의 꽃밭이라는 것이지."

"말씀을 듣다보니 시야가 넓어졌습니다."

"근데 감상도 좋지만 먼저 대웅전 부처님께 참배부터 하세."

소태산은 이춘풍과 내소사 대웅전 부처님을 참배한 후 경내 이곳저곳을 소창 차 구경하였다.

"춘풍, 절 뒤편의 관음봉을 보게나. 병풍 같지 않나?"

청련암 오르는 길

"웅장하네요. 세상에 저보다 좋은 병풍은 없을 듯합니다."

"관세음보살이 만 중생을 감싸 안고 있듯이 산봉우리가 경내를 포근히 감싸고 있어 관음봉이라 한 듯하네."

"관세음보살이 내소사를 감싸고 있는 명당이네요."

"산세도 좋고 수행하기도 좋은 도량이구먼."

소태산과 이춘풍은 청련암을 향해 발길을 돌렸다. 청련암을 지나 세봉을 넘어야 봉래정사로 갈 수 있기 때문이다.

"춘풍, 왜 저 봉우리를 세봉이라 하는지 아는가?"

"봉우리가 세 개라 세봉이라 하지 않나요."

"가늘 세細 자를 쓰니 가는 봉인가?"

"가늘지는 않은데요. 봉우리가 험해 보입니다."

"내가 보기에는 관음봉과 관련 있는 듯하네. 관음봉을 빨리 말해보게나."

"관음봉, 괴능봉, 가늠봉, 가는봉."

"관음봉을 부르다 보니 '가는봉'이 되었고 이를 한자로 옮기다 보니 '가늘 세細' 세봉이라 한 듯하네."

"스승님, 그렇다면 이 세봉도 처음에는 관음봉의 하나였겠네요. 그러다가 가는봉으로 변음되어 세봉이라 표기했을 수 있겠습니다."

"그건 그렇고 어서 가세나. 봉래정사 동지들을 어서 보고 싶네."

산길을 따라 한참을 오르다 보니 저만치 청련암이 보였다. 소태산과 이춘풍은 어느덧 청련암에 이르러 곰소 앞바다의 툭 터진 장관을 내려다보았다.

"참으로 장관일세. 바다와 하늘이 연이어 있는 모습이 어디가 바다인지 어디가 하늘인지 모르겠네."

"스승님, 힘들었던 산행의 피로가 다 풀리네요."

"그런가. 청련암 뒷산 넘어가는 고개는 훨씬 험할 텐데."

"한 고개를 넘으니 또 한 고개가 오네요. 넘고 또 넘어서겠습니다."

"저 툭 터진 곰소 앞 풍경처럼 툭 트인 마음으로 올라보세."

춘풍은 청련암 샘물을 떠서 소태산에게 건넸다.

"스승님, 물 한잔 드시고 출발하시지요."

청련암

"물맛 좋군. 물도 마셨으니 다시 올라가 보세."

소태산과 이춘풍은 물 한 모금 마시고 다시 길을 나섰다. 어느덧 오르고 오르다 보니 청련암 뒷산을 넘어 세봉으로 하여 실상동 봉래정사로 바로 내려가는 칼바위길에 이르렀다. 정상에 오르니 곰소 앞바다의 광활한 풍광이 펼쳐져 보였다.

내소사에서 청련암 뒷산 고개를 넘는 길은 험하고 험했다.

"스승님, 이 재가 생각보다 훨씬 가파르고 험하네요."

"그렇지만 험한 길을 당하니 일심 공부가 절로 되네그려."

"발을 헛디딜까봐 조심스러워 다른 생각할 틈이 없네요."

"험한 곳에서 오히려 실수가 적고 평탄한 곳에서 실수가 있기 쉽지."

"그래서 어려운 일에는 오히려 실수가 적고 쉬운 일에 도리어 실수가 있나 봅니다."

"허허, 자네는 이제 말꼬리를 보여주면 말머리까지 알아채네 그려."

"스승님이 다 알 수 있도록 말씀해주시지 않습니까? 다 스승님 덕입니다."

"공부하는 사람이 험하고 평탄한 곳이나 어렵고 쉬운 일에나 일심대중이 한결같아야 일행삼매一行三昧 공부를 성취했다 할 것이니 명심하게나."

"예, 스승님. 일행삼매 공부에 명심하고 명심하겠습니다."

"일행삼매는 매사에 성품 자리를 놓치지 않는 일심 공부일세. 일심一心은 분별 망상이 없는 잡념 없는 마음이네."

"그러면 뭐든지 일심으로 하면 되겠네요."

"오늘처럼 잡념이 없는 성품 자리에서 등산에 일심하고, 분별 주착이 없는 성품 자리에서 일도 일심으로 하고 시비 이해도 잘 운용하여 이 일에도 일심으로 저 일에도 일심으로 하면 이것이 일행삼매네."

"삼매를 좀 더 일러 주십시오."

"삼매란 쉽게 말해 이것이 좋다 저것이 좋다는 분별이 없는 한마음으로, 분별이 탈락된 자리에 들어야 잡념 없는 삼매에 들지. 이 자리에 들지 않고서는 삼매의 맛을 느낄 수 없네."

시원한 바람이 청련암 뒷산을 스쳐 세봉 정상으로 지나갔고 멧새가 이 솔 저 솔로 날아다녔다.

청련암 오르는 길에는 일행삼매의 바람이 불었고, 일행삼매의 날갯짓이 펄럭였다.

"스승님, 오늘은 일행삼매로 오르니 힘들어도 괜찮았습니다."

"허허, 그랬나. 일행삼매로 청련암 고개를 넘었구먼그래."

청련암 험한 재를 넘어가는 산행은 일행삼매의 길이었다.

코멘터리Commentary

대종사, 이춘풍과 더불어 청련암靑蓮庵 뒷산 험한 재를 넘으시다가 말씀하시기를 "험한 길을 당하니 일심 공부가 저절로 되도다. 그러므로 길을 가되 험한 곳에서는 오히려 실수가 적고 평탄한 곳에서 실수가 있기 쉬우며, 일을 하되 어려운 일에는 오히려 실수가 적고 쉬운 일에 도리어 실수가 있기 쉽나니, 공부하는 사람이 험하고 평탄한 곳이나 어렵고 쉬운 일에 대중이 한결같아야 일행삼매一行三昧의 공부를 성취하느니라." 〈『대종경』 수행품 34장〉

도학골, 이 진사 이야기

청련암 뒷산 재를 넘어 세봉에 오른 소태산은 건너편의 선인봉을 바라보았다.

"춘풍, 저기 봉래정사가 보이는가?"

"제 눈에는 안 보이는데요."

"그런가. 내 마음에 보이는가 보군. 이 봉우리 아래 골짜기가 바로 도학골이네."

"봉래정사에서 바라보면 맞은편 골짜기이지요."

"그렇다네. 이 골짜기를 왜 도학골이라 하는지 아는가?"

"이 진사李進士라는 분이 이 골짜기에서 도를 공부했다 하여 도학골이라 불립니다."

"도학골과 관련된 이 진사 이야기를 해 주겠으니 잘 들어보소."

"옛날 줄포에 살던 이 진사라는 사람이 있었는데 그는 세속락

봉래정사에서 바라본 도학골

을 누리며 사는 유학자로 불교에 대해 좋지 않은 생각을 가지고 있었다 하네. 그러던 어느 봄날, 화전놀이를 다녀오다가 마침 비가 와서 어느 절 문에 의지해 비를 피하게 되었는데, 그때 절 안에서 '대방광불화엄경 대방광불화엄경' 하는 경 읽는 소리가 나는지라 '체, 대방광불화엄경이 다 뭐야.' 하고 빈정대다, 비가 그치자 곧 집으로 돌아와 낮잠을 자다가 머슴의 장작 패는 소리에 까무러쳐 죽고 말았다는 것이야."

소태산은 계속 말을 이어갔다.

"이 진사는 까무러친 채 무사들의 호위를 받으며 어디론가 가다가 무사들이 있는 곳을 벗어나 한참을 가다 보니 신선 두 명이 바둑을 두고 있고, 한 신선은 옆에서 훈수를 두는 모습을 보게 되었는데, 이 진사는 그 모습이 어찌나 보기 좋은지 '나도 당장 저런 도포를 입고 바둑이나 두었으면 좋겠다.'는 생각이 들었다는 거야.

그러자 세 사람 가운데 흰 도포를 입은 신선이 옷을 벗어주며 '나 대신 여기서 바둑을 두겠냐.' 하여 이 진사가 그 옷을 받아서 막 걸치려 하는데 별안간 공중에서 '대방광불화엄경 한 번만 외운 사람도 축생보에 떨어지지 않는데 너는 왜 축생의 가죽을 둘러쓰려고 하느냐.'고 외치는 소리가 들려 그 소리에 깜짝 놀라 도포를 입으려다 멈추게 되었다는 거야.

다시 한참 걷다 보니 예쁜 기생들이 노래하며 춤을 추고 있어, 이 진사는 '나도 저기에서 기생들과 같이 노래하고 춤을 추었으면 좋겠다.'고 생각하자 기생들이 와서 '같이 놀자.' 하는지라 바로 그곳으로 가려는데 또 공중에서 '이 진사야! 대방광불화엄경 한 번만 외운 사람도 축생보에 떨어지지 않는데 너는 왜 축생의 굴속으로 들어가려고 하느냐.'고 외치는 소리가 들려 그 소리에 깨어보니 집안 식구들이 모두 이 진사 옆에 앉아 울고 있는 것이 아닌가."

소태산은 이야기에 푹 빠져 있는 춘풍을 바라보며 다시 말을 이었다.

"이 진사는 머슴을 시켜 꿈에 보았던 집안 구석구석을 찾아보라 하니, 강아지 세 마리가 금방 태어났는데 그 중 흰 강아지는 죽어 있었고, 집 뒤에는 개구리들이 모여서 울고 있는 것이 아닌가. 강아지 세 마리는 신선이고, 개구리들은 기생들이었다.

이에 이 진사 깜짝 놀라 느낀 바가 있어, 집안 식구 몰래 변산 골짜기에 초막을 짓고 도를 닦게 되었으며, 부인과 자녀들이 물어물어 찾아와도 세봉으로 올라가 만나주지 않고 수도에만 전념했다는 것이다.

그가 열심히 수도하여 깨닫고 보니 과거에 자기가 까무러치어 죽은 후 제일 먼저 만난 무사들은 벌떼들이었고, 예쁜 기생들은 개구리요, 바둑 두는 신선들은 강아지였음을 확연히 알게 된 것이다.

이 진사는 부안 줄포에 살았던 유학자였고, 절 문에서 비를 피하며 '대방광불화엄경' 하고 경 읽는 소리를 들은 곳은 '변산 내소사'라고 전해지고 있고, 또 이 진사가 출가수도 한 곳은 내변산으로, 지금도 이 진사가 수도하던 골짜기를 '도학골'이라 부르고 있다네."

이야기에 푹 빠져 듣던 춘풍은 소태산에게 물었다.

"'대방광불화엄경'에 그렇게 신통한 위력이 있나요."

"이는 법문法門의 소중함을 말하는 것이네. '대방광불화엄경' 읽는 소리 한 번 들었던 인연으로 악도를 면하게 되었다는 이 이야기처럼 법문의 소중함을 알아야 할 것이야."

"도학골은 이 진사가 청법 공덕의 인연으로 도를 이루었다는 성도담이 깃들어 있는 곳이네요. 그렇다면 우리는 사은사요 삼강령 팔조목 제목만 외고 외어도 제도 받겠네요."

"그렇지. 법에 인연이 되는 것이 소중한 것이야. 법문을 무엇보다도 소중히 여겨야 하네."

"세상에 제일 중요한 것이 우리를 바르게 가르쳐주는 법이라는 것이지요."

"내가 새 시대에 맞는 법을 새로 제정했으니 이 법으로 공부하면 미래 시대의 복락은 이루 말할 수 없을 것일세. 사은사요 삼강령 팔조목을 외우고 외우며 마음에 받들고 받들어야 할 것이야."

세봉을 넘어 도학골을 지나 봉래정사로 내려오는 길은 법문으로 가득했다. 이춘풍은 사은사요 삼강령 팔조목을 되뇌고 되뇌며 도학골을 내려왔다.

이춘풍은 도학골을 향해 심고했다.

'일체생령이 소태산의 대도 정법을 한 번 생각하고 한 번 외우고 한 번 실행하는 것만으로도 영생의 복전이 되는, 다시없는 소중한 기회임을 뼈저리게 느껴지도록 하옵소서. 그리하여 영생토록 소태산 스승님 법하法下에서 진급이 되고 보은하는 법연이 되도록 서원하옵나이다.'

소태산은 춘풍의 심고 올리는 모습에 기운으로 응했다. 그 모습은 세상 어디에서도 찾아볼 수 없는 장엄이었다.

코멘터리Commentary

성산 종사 말씀하시기를 "우리가 영겁을 통하여 공부하는 데 가장 중요한 조건은 서원과 법연이니, 서원은 우리의 방향을 결정해 주고 법연은 우리의 서원을 이끌어 주며 북돋아 주느니라."〈『정산종사법어』 무본편 55장〉

내소사와 관련된 '내소사 스님의 종기' 이야기

"내소사에 한 스님이 우연히 얼굴에 종기가 나서 여러 가지 약을 써 보았으나 낫지 않아 고민하던 중, 이러한 이야기를 듣게 되었다. 절 아랫마을의 나무꾼들이 산에 나무를 하러 가면 스님이 나타나서 절의 산이라 하여 나무를 해가는 것을 엄하게 제지하므로, 그 나무꾼들이 원심이 가득하여 나무로 사람 하나를 깎아 세워두고 '이것이 내소사 중이다.'라고 선언한 후 산에 나무를 하러 갈 때마다 한 차례씩 때린다는 것이다.

이 사실을 알고 스님은 과거에 자기의 처사가 너무 과하였음을 깨닫고 그 나무꾼들을 모두 절로 초청하여 밥과 떡을 대접하고 서로 사화私和를 하였더니 그 종기가 약을 쓰지 않고도 절로 나았다 한다. 이처럼 형상 없는 마음이나 천지 기운은 보이지 않는 가운데 크게 작용하고 있음을 알아서 운심처사運心處事에 신중을 기하여야 할 것이다." 〈『한울안 한이치에』 법문과 일화 중에서〉

곰소와 불쌍한 여인

일산 이재철

가을이 깊어가는 날.

화륜선은 연기를 뿜으며 곰소를 향하였다. 법성포를 출발할 때 떠오른 해는 이제 서녘으로 넘어가려 했다.

"재철, 거의 다와 가니 뱃전에 나가보세."

"그러시지요, 스승님."

소태산과 이재철은 뱃전으로 나와 바닷바람을 쐬었다.

"오늘 하루도 다 지나가네그려."

"해가 뜬지 모르게 어느새 져갑니다."

"오늘 저녁은 곰소에서 하루 묵고 내일 일찍 내변산으로 넘어가세."

곰소에서 바라본 죽도

“스승님, 저쪽에 보이는 섬 이름이 무엇인가요?”

“죽도라네. 줄포만의 보석이지.”

“바다 한가운데 떠 있는 것이 꽃 같습니다.”

“자네는 변산이 처음이지. 이참에 아름다운 변산 풍광을 맘껏 소창하게나.”

화륜선은 통통거리며 서서히 곰소에 다다랐다. 선객들은 삼삼오오 바쁜 걸음을 치며 뱃전에서 내렸다.

소태산과 이재철도 하루 묵을 곳을 찾아 곰소를 거닐었다. 고기를 한가득 잡은 고깃배들이 포구로 들어오고 여기저기 진한 젓갈 냄새가 풍기었다.

"허기도 지고 하니 주막에 들어 요기도 하고 하룻밤 묵새나."

"스승님, 저기 주막이 보입니다."

"어서 가세나."

소태산과 이재철은 주막에서 저녁을 먹고 이른 잠자리를 청했다. 다음날 내변산에 들리려면 내소사 앞 원암마을을 거쳐 재백이 고개를 넘어 직소폭포를 지나야 하는 노정이기 때문이었다.

그래서 이제 막 이른 잠자리에 들려고 하는데 문밖에서 발소리가 들렸다. 이재철은 깜짝 놀라 문을 열어보니 소복을 입은 여인이 서 있었다. 달은 밝고 파도 소리 스산한 무변대해의 밤이었다.

"누구시오?"

재철이 물었다. 여인은 아무 대답이 없이 그냥 서 있기만 했다. 재철은 재차 물었다.

"어찌 이렇게 불쑥 찾아듭니까?"

그래도 여인은 고개를 숙인 채 아무 말이 없었다. 여인에게서 싸늘한 기운이 감돌았다.

"일이 있어 왔으면 무슨 말을 해야지 어찌 묵묵부답이오?"

소태산은 타이르듯 말을 건네었다. 그러자 여인은 방으로 들어와 소태산에게 큰절을 올리고 흐느껴 울었다.

"울지만 말고 여기에 들어온 이유를 말해 보시오."

고개를 숙이고 말이 없던 여인이 고개를 들었다. 이재철도 아는 얼굴이었다.

"자네는 얼마 전에 죽은 법성포 주막 주인 아닌가?"

이재철은 귀신에 홀린 듯했다.

"저를 보르시셨습니까?"

소태산은 안타까운 마음으로 여인을 바라보았다.

"알다마다. 그런데 무슨 까닭으로 여기까지 찾아왔소."

"제 사정을 말하지 않아도 잘 아시리라 여깁니다. 저를 불쌍히 여기시고 부디 악도에서 제도해 주십시오."

"지금 어디에 의지하고 있소."

흐느끼고 있는 여인에게 소태산은 안쓰러운 마음을 담아 물었다.

"저는 지금 죽도에 머물고 있습니다. 지은 죄가 무거워 금사망보를 받고 있습니다."

여인은 엎드린 채 어깨를 들썩이며 서럽게 울면서 소태산에게 간청했다.

"저를 불쌍히 여기시고 악도에서 벗어날 길을 열어주십시오."

"그대의 사정은 실로 안타까우나 죄와 복은 지은 대로 받는 것이 만고불변의 법칙이네."

"제발 저의 죄업을 멸도 시켜 주십시오."

"이제 그대가 진실한 마음과 지극한 정성으로 과거의 죄업을 참회하고 앞으로 다시 악업을 짓지 아니하면, 천지가 감동하고 불보살들의 호념에 힘입어 그 죄업을 쉽게 벗을 수 있을 것이네."

"부디 저를 악도에서 제도해 주십시오."

여인의 흐느낌은 더 깊어졌다.

"깊이 명심하시오. 죄업을 하루라도 빨리 벗고 벗지 못하는 것은 그대의 마음에 달려 있소. 내가 지난날 그대와의 친분대로 하자면 지금 당장이라도 금사망보를 벗도록 해줄 수도 있으나, 이것은 하늘의 이치를 어기는 일이라 그렇게는 할 수 없소. 이제 그대의 정성을 보아서 하루속히 금사망보를 벗어날 수 있도록 내 마음속 깊이 축원할 것이니 그렇게 알고 돌아가서 사무치는 참회 생활을 하시오."

"감사합니다. 이 은혜 한량없습니다. 저의 죄를 불쌍히 여기시어 악도에서 꼭 건져 주십시오."

여인은 슬프게 흐느끼며 밖으로 나갔다. 소태산도 그녀를 따라 밖으로 향했다. 제철이 물었다.

"저 여인을 어찌하려 하십니까?"

"천도의 길을 열어주려고 하네."

여인은 무거운 발걸음을 옮겨 바닷가에 이르렀다.

"저 앞에 도사리고 있는 것이 바로 제가 받는 몸입니다."

여인은 다시 흐느끼었다.

"염려 말고 어서 떠나가게. 진실로 참회하면 악업을 속히 벗어날 수 있을 것이네."

소태산의 자상한 타이름에 여인은 바닷가에 도사리고 있는 금사망보의 괴물 곁으로 가더니, 순식간에 여인은 없어지고 괴물은 바닷속으로 들어가 버렸다.

"헛것을 본 것입니까? 꿈을 꾼 것입니까?"

이재철이 놀란 표정을 지었다.

"재철, 저 여인의 앞길을 위해 축원을 올려 주세나."

소태산은 죽도를 향하여 합장하고 심고를 올렸다.

"죄 많은 여인이여, 인과의 이치가 이렇게 분명한 것이니 진실로 참회 개과하여 하루빨리 죄업에서 벗어나시오."

한동안 소태산은 죽도를 향해 축원을 올렸다.

"재철, 저 여인이 누군지 알겠나?"

"예, 몇 년 전까지만 해도 법성포에서 음식점과 여관을 경영했지요. 얼굴이 아름다워 많은 남자를 농락했지요. 저 여인으로 인하여 재물을 탕진하고 패가망신한 사람, 심지어 감옥 생활까지 한 남자들이 부지기수였습니다."

"저 여인이 많은 비난과 원망을 받았겠구먼."

"그런데 저 여인이 몇 년 전에 갑자기 병들어 죽자 사람들이 얼마나 시원해했는지 모릅니다."

"인과의 이치가 이처럼 소소영령하고 무서운 줄을 알아야 하네."

"알겠습니다, 스승님. 인과의 진리를 각성하고 각성하겠습니다."

곰소 밤바다에 인과의 파도가 출렁였다.

코멘터리Commentary

이 이야기의 출처는 《원광》 4호에 실린 김형오의 〈대종사 일사〉 '곰소 소복 여인'에 근거한다.

다만, 박용덕 교무의 김형오 선진과의 인터뷰에 의하면, 일산 이재철 선진이 소태산을 모시고 실상사를 가는 도중의 이야기라고 채록하고 있으며, 때가 가을이라고 주장한다.

소태산의 최초 변산행은 원기4년(1919) 봄이었고 수행자는 오창건 선진이었다. 만일 원기4년 가을이라면 소태산 대종사는 김광선 선진과 금산사에 머무르실 때이다. 시기에 충돌이 있다.

그래서 본 이야기는 막연하게 가을이라 하였고 소태산의 변산 주석 그 어느 때 이재철 선진이 소태산 대종사를 모시고 변산에 가는 도중이라 설정한 것이다.

이 이야기 자체가 신비한 사건이라 사건을 사건 그대로 이해하기보다는 인과에 대한 교훈을 주는 이야기 정도로 그 의미를 두고 싶다.

또한, 소태산 대종사가 곰소에 내왕할 때는 곰소항[범섬-나룻섬]이 개발되기 전으로, 연동·진동·진서 마을 앞바다가 포구[백포] 역할을 할 때로 여겨지므로, 곰소 소복 여인은 진서리 내륙 포구 인근에 나타났다고 봐야할 것이다.

정산로, 스승 향한 내왕의 길

정산 송규

소태산은 원기4년(1919) 음력 3월 26일 방언공사를 준공한 후, 새 회상 창립의 준비를 위한 휴양처 물색 차, 오창건을 데리고 부안 봉래산 월명암에 10여 일 머문 후 영광으로 돌아오신다.

이후 법인기도로 백지혈인의 이적을 나툰 후 소태산은 중앙단원 송규를 불렀다.

"내가 저축조합, 방언공사, 법인기도 등으로 심신 간에 많이 피곤하다. 부안 봉래산[변산]으로 들어가 정신을 수양하고 장차 펴게 될 새 회상의 교리와 제도를 구상할 계획이다."

"그래서 일전에 창건 단원과 미리 변산에 가보셨군요."

"규야, 월명암에 입산하여 당분간 학명 스님 밑에서 스님 생활 해야겠다."

"무슨 이유가 있는지요?"

"여러 이유가 있다. 일단 불교의 교리와 제도에 대해 틈나는 대로 공부하고 있어라."

"알겠습니다, 스승님."

"학명 스님께 미리 부탁해 놓았으니 찾아뵙고 인사드리면 될 것이다."

"혹시 제가 유의할 것이 있습니까?"

"학명 선사 잘 모시면 될 것이며, 회상 창립에 대한 여러 가지를 연구해 보되 불경은 볼 것이 없다."

이에 중앙단원 송규는 월명암의 학명 선사를 찾아뵙고 인사를 올렸다.

"학명 스님, 영광 길룡리 출신 소태산 선생께서 저를 스님께 보냈습니다. 불법 공부 잘하라고 당부하셨습니다."

학명 선사 크게 반기며 송규와 문답을 나누었다.

"그대의 눈이 얼마나 푸른지? 벽에 걸려있는 불여만법위려자시심마不與萬法爲侶者是甚麽란 화두의 뜻을 알겠는가?"

"이 세상 그 어떠한 것과도 더불어 짝하지 않았다고 했으니 그것은 저의 본래 면목인 줄로 압니다."

"만법귀일 일귀하처萬法歸一一歸何處란 화두의 뜻을 아는가?"

“그 소식도 모르고 어찌 스님을 찾아올 수 있었을까요.”

“부모미생전에 그대는 어디에 있었는가?”

“일념미생진이지요.”

“달마 대사가 인도에서 중국으로 건너온 뜻이 무엇인가?”

“달마는 인도를 떠난 적도 없고 중국에 온 일도 없습니다.”

“그대도 혜가처럼 법을 구하기 위해 팔을 자를만한 신성이 있는가?”

“혜가는 팔을 자르지 않았습니다.”

“임제는 할喝을 썼고, 덕산은 방棒을 썼는데, 그대는 어느 것을 쓰려는가?”

“방도 할도 필요 없습니다.”

“간경으로 성불하려는가? 참선으로 성불하려는가?”

“도방하都放下 할 뿐입니다.”

학명 선사는 몇 가지 성리 문답을 나눠보고 바로바로 막힘없이 대답하는 송규에게 불명을 내려주었다.

“지혜 광명이 부처님의 생명이다. 그대는 이곳 월명암에서 부처님의 지혜 광명을 더욱 밝히기 바란다. 이곳에서 그대의 이름을 ‘명안明眼’이라고 하자.”

혜안이 밝다는 뜻의 ‘명안’이란 불명을 받은 것이다. 드디어 중앙단원 송규는 삭발위승削髮爲僧이 되어 월명암 요사채에서 사미승과 함께 생활했다. 소태산 제자 중 최초의 삭발자였다.

명안이라는 불명을 받은 송규는 학명의 상좌로서 도리를 다 하면서도 앞으로 소태산 스승님께서 들어오시어 진행하실 여러 가지 분야에 대하여 깊이 연구하되 "불경은 보지 말라."하신 말씀에 경상까지도 외면하고 보지 아니하였다.

학명 선사는 명안 상좌에게 물었다.

"자네를 이곳 월명암에 보낸 소태산 선생의 당부가 무언가?"

"스님의 상좌 노릇은 잘하되, 불경은 보지 말라 하셨습니다."

"불경을 보지 말라 한 뜻을 알겠는가?"

"지해종사知解宗師가 되지 말라는 뜻인 줄로 압니다. 불법은 모름지기 마음으로 깨치고 몸으로 실천해야지 아무리 입으로 팔만사천 법문을 설해도 깨침과 실천이 따르지 못하면 말장난 글 장난일 뿐입니다."

옆에 있던 사미승이 고했다.

"명안 상좌는 불경 올려놓은 경상마저도 외면합니다."

이에 명안 상좌는 말했다.

"불경을 보되 불경의 문자와 전통에 묶이고 구속되지 않기 위해서입니다."

삭발위승의 송규는 명안이란 불명으로 월명암에서 학명의 상좌 생활에 매진하였다. 시간은 흘러 소태산은 송규를 월명암에 보낸 3~4개월 후, 중앙 송규가 수행하고 있는 월명암에 오시어 두어 달 임시 기거하다가 실상사 인근에 초당을 마련하여 주석하시었다. 실상동에 있는 초당이라 이곳을 '실상초당'이라 불렀다.

스승 소태산이 실상초당에 주거지를 정하자 정산 송규의 마음은 항상 스승님이 계신 실상초당에 가 있었다. 스승을 그리워하는 마음이 그칠 사이가 없었다.

달빛이 비치는 밤이면 송규는 월명암에서 실상초당으로 내려가는 지름길을 오르내렸다. 이날도 저녁 예불을 마치고 월명암 법당채며 요사채의 불들이 다 소등되자 명안 스님, 송규는 사미승이 잠든 것까지 확인한 후 이부자리에서 빠져나왔다.

"달빛이 밝아 스승님이 계신 실상초당으로 가는 길이 훤해서 다행이군."

명안 스님, 송규는 밤하늘을 보며 한 감상이 떠올랐다.

'지기훈몽 운만리 천심통철 월중간地氣熏蒙雲萬里 天心洞徹月中間. 땅 기운은 구름 만 리 훈더이 적시우고, 하늘 맘은 달 중간에 깊숙이 사무치다.'

시상에 잠기었던 송규의 발걸음은 다람쥐처럼 빨랐다. 어느새 등줄기에서 땀이 주르르 흘러내렸다. 한참을 오르내렸을까. 절벽길이 앞을 막았다.

'깎아 지르는 이 절벽 길만 지나면 스승님이 계신 초옥이니 조금 더 힘을 내자.'

송규는 자신을 다지며 발길을 재촉했다. 드디어 실상 초옥이 눈에 다가왔다. 실상 초옥 방문 앞에선 송규는 소태산에게 고했다.

“스승님, 송규입니다.”

“어서 오게. 밤길에 오느라 수고했네.”

정산 송규는 세수하고서 방에 들어 스승 전에 인사를 올렸다. 옆에 있던 김남천이 물었다.

“이 밤길에 오르내리기가 힘들지 않소.”

봉래정사 출입구의 정산로

“힘들지 않습니다. 스승님 찾아뵙는 것이 저에게는 최고의 기쁨입니다. 깊은 밤중이라도 걸음을 옮겼다 하면 이곳에 이르고 다시 발을 들었다 하면 월명암에 이릅니다.”

“한밤중이니 바위 절벽을 조심해야 합니다.”

“예, 조심하겠습니다. 이렇게 힘든 길을 오르내리다 보니 도리어 힘이 더 뭉쳐진 것 같습니다.”

“학명 스님 상좌 생활은 어떠하냐?”

소태산은 궁금한 듯 물었다.

“학명 스님으로부터 불교의 교리며 제도를 접할 수 있어 공부가 됩니다."

"출세간 제도는 외면해도 좋으나 그 외의 것은 많이 접해 봐라."

"알겠습니다, 스승님."

"그런데 요즘 보니 무심無心 위주의 정定만 익히는 듯하는데 그러면 사물에 어둡게 된다. 주의해라."

"불법 공부가 주로 무심 공부인데요?"

"텅 비었으면 밝게 드러나는 것이다. 텅 비었다고 무심하기만 하면 안 된다."

"무심에 빠져 무기공無記空에 떨어지면 안 된다는 말씀이지요?"

"마음 놓는 공부와 마음잡는 공부를 아울러 단련해야 한다."

"큰 지혜를 얻으려면 큰 정에 들어야 한다고 하여 무심을 주장하는 정만 익혔는데 그것이 아니네요."

"원만한 공부는 무심하면 유심할 수 있어야 하고, 유심하면 그 자리가 무심에 바탕을 두고 있는 줄 알아야 한다."

"명심하겠습니다. 마음을 숨 들이쉬고 내쉬듯이 놓기도 자유로 하고 잡기도 자유로이 하는 공부에 정진하겠습니다."

소태산과 송규의 문답은 밤을 지새웠다.

"오늘은 자고 내일 새벽에 가거라."

새벽 닭 우는 소리가 들렸다. 축시丑時가 막 지나는 때였다. 정산 송규가 선잠에서 깨어 눈을 뜨니 스승 소태산이 송규의 손을 어루만지고 있었다.

'스승님께서 구간 도실에 계실 때도 내 손을 어루만지시더니 오늘도 내 손을 애기 손 만지듯 하시는구나.'

일원대도비 옆 정산로

송규의 가슴에 소태산 스승님이 얼마나 자기를 아끼는지 그 마음이 전해졌다.

송규는 이렇게 1년여를 달빛이 비치는 날이면 실상초당을 내왕하였다. 그러던 어느 날 학명 스님에게 들키고 말았다.

"명안 상좌, 어젯밤에 어디를 갔기에 요사채를 비웠나?"

"실상초당에 갔습니다. 소태산 스승님을 뵙고 오는 길입니다."

송규는 자신을 상좌로 아끼시던 학명 스님 몰래 실상초당을 왕래했던 일이 마음에 걸렸는데 사실대로 고백하니 오히려 마음이 편안해졌다. 송규는 1년 이상을 밤으로 실상초당을 다녔던 것이다. 이 일이 있고 난 뒤 송규는 마음이 정리되었다.

"스승님, 학명 스님이 제가 밤이면 실상초당에 내왕하는 것을 아시었습니다."

"학명 스님께 자초지종을 말씀드릴 것이니 이제는 내려와라."

정산 송규는 석두암이 건축되고부터는 석두암으로 내려와 이제 소태산을 직접 보필하였다.

‘정산로鼎山路’는 중앙단원 송규가 월명암에서 실상초당에 주석한 스승 소태산을 만나기 위해 밤이면 오르내린 십 리 안 되는[약 3㎞쯤] 가파른 산길이다.

이 정산로는 정산 송규가 석두 거사 소태산께서 주석하신 실상초당을 교당 삼아 공부의 방향로를 문답하고 감정을 받았던 교당 내왕의 공부길이며, 정산이 스승인 소태산과 마음과 마음으로 연[心心相連]했던 ‘스승을 향한 마음공부 길’이라 할 것이다.

한편으로는 공부길의 문답이었다면 또 한편으로는 교법 초안의 보필을 담당했던 것으로, 『수양연구요론』과 『조선불교혁신론』의 초안은 이때의 문답에 기반한 것이다.

한때 석두암에서 소태산은 정산 송규에게 물었다.

“앞으로 어떤 법이 환영받겠는가?”

“생활에 절대 부합되는 법입니다.”

“그대 말이 옳다.”

소태산은 정산 송규의 공부길을 인가하신 것이다. 소태산은 당신의 체험과 깨달음을 교법으로 초안하려 할 때 정산 송규는 법으로 문답하는 파트너였다. 이처럼 정산 송규는 새 회상 교법 제정의 법모法母이신 것이다.

코멘터리Commentary

정산 종사 학인에게 말씀하시기를 "큰 지혜를 얻으려 하면 큰 정에 들어야 한다고 하나 내가 월명암에서 무심을 주장하는 정만 익히었더니 사물에 어둡다고 대종사께서 크게 주의를 내리시더라. 마음 놓는 공부와 잡는 공부를 아울러 단련하여 숨 들이쉬고 내쉬는 것같이 놓기도 자유로 하고 잡기도 자유로 할 수 있어야 원만한 공부를 성취하느니라." 〈『정산종사법어』 권도편 33장〉

전주는 들르지 말고 가보라

"정산."

"예, 스승님."

"이제 차츰 때가 되어가는 듯하다. 어디든지 네 발길 내키는 대로 가 보아라."

차 한잔을 앞에 두고 소태산은 삭발 머리의 송규에게 말을 이었다.

"그러면 만나야 할 사람을 만날 것이다. 그러나 전주는 들르지 말라."

송규는 10인 1단의 단장이신 소태산 스승으로부터 10인 1단의 중앙으로 임명되었고, 솥 정鼎, 정산이라는 법호를 받았다. 그래서 단원들이나 동지들은 '중앙님' 또는 '정산'이란 법호로 불렀다.

원기6년(1921) 10월 석두암이 준공되자 중앙단원 송규는 월명암에서 내려와 스승 소태산을 직접 시봉하였다.

소태산에 의해 월명암에 파송되었던 송규는 2년여의 학명 선사 상좌 생활을 청산하고 봉래정사로 내려온 것이다.

석두 거사는 학명 선사에게 에둘러 변명하였다.

"제 글을 받아쓸 일이 있어 이곳에 머물도록 했습니다."

이 일로 소태산은 학명 선사와 어딘지 좀 곤란한 관계가 되었다.

학명은 송규에게 '명안明眼'이란 불명佛名을 내리며 유학까지 보낼 계획이었는데 그 뜻이 어그러져 버린 것이다.

이듬해 송규의 동생인 도성이 봉래정사로 출가하자 학명 선사는 송규를 대신하여 도성을 상좌로 달라고 부탁하였다. 학명은 제자 욕심이 있었다.

"명안의 동생을 내게 맡기면 어떻겠소?"

"스님, 제 시중드는 사람 하나는 있어야지요."

소태산은 정중하게 거절하였다.

송규·송도성 두 형제는 어떤 누구도 대신할 수 없는 소태산의 분신이었기 때문이다.

소태산은 때가 때인지라 중앙단원 송규를 봉래산에서 잠시 떠나보낼 필요가 있었고, 회상 창립의 인연을 규합하기 위해서라도 봉래정사 밖으로 편력시키기로 한 것이다.

가을이 깊어갔다. 중앙 송규는 채비하고 길을 나서려 하였다.

적벽이 마중 나섰다.

"여기 짚신 몇 켤레 삼아봤소. 아무쪼록 잘 다녀오시오?"

혜월이 부엌에서 나왔다.

"드릴 것이 없습니다. 깡밥 좀 챙겼어요."

봉래정사 도반들의 따뜻한 배웅에 송규는 발걸음이 한결 가벼워졌다.

송규의 발길은 사자동 칠보대기를 지나 뫼골을 따라 뫼재를 넘어 불당골–와룡골–회양골–우바위재[굴바위]를 거쳐 우동리 만화마을을 지나 줄포를 향하였다.

누군가 송규에게 알은체하였다.

"중앙님, 어디 가시려고 이곳까지 오셨는지요?"

전주에서 약방을 했던 문정규가 봉래정사로 들기 위해 주막에서 잠시 다리쉼을 하던 중 정산 송규를 보고 반갑게 인사했다.

"스승님이 어디든지 발길 닿는 대로 가보라 합니다. 다만 전주는 들르지 말라 하십니다."

"제 생각으론 전주를 비껴가라는 말씀 같습니다. 이는 전주 근방으로 가라는 것이나 진배없습니다. 중앙님이 이쪽 지리는 잘 아시니 발길 닿는 대로 가보시지요?"

"제가 도꾼 수행처를 편력한 적이 있어 대략 이쪽 방면의 길은 알고 있습니다. 일단 태인·원평 쪽으로 방향을 잡고 가보려 합니다."

문정규의 다정한 응대에 송규의 발걸음은 더욱 사뿐해졌다. 중앙 송규는 영전-고부-손바래기-태인-원평을 지나 왜목재-신리에 들었다.

소태산 스승님의 뜻을 받들어 전주를 지나칠 때는 전주를 바라보지도 아니하고 지나쳤다.

"스님, 어느 절에서 오셨습니까?"

삭발한 달덩이 같은 정산 송규를 보고 길 가던 스님이 말을 건넸다.

"저는 봉래산 석두암에서 왔습니다."

"봉래산이라면 변산을 말하지요?"

"예, 그렇습니다. 저의 불명은 명안입니다."

"저는 만덕산 미륵사에 거주하는 세환이라 합니다."

이렇게 정산 송규는 도중에서 만난 스님과 길동무를 하게 되었다.

"명안 스님, 어디 가실 곳은 정하셨습니까?"

"발길 닿는 대로 흘러갈 뿐입니다."

"그러면 제가 주지로 있는 미륵사에 머무르시지요."

"그래도 될는지요. 좀 신세를 지겠습니다."

변산 실상동 봉래정사에서 진안 만덕산 미륵사까지는 약 200리[80㎞]로, 도보로는 20시간 넘게 걸리며 장정 걸음으로 꼬박 이틀은 걸어야 하는 노정이었다.

만덕산 미륵사

정산 송규는 미륵사 주지 세환 스님과 형제지의를 맺고 미륵사 일을 봐주며 그해 겨울철을 나게 되었다.

원기7년(1922) 설을 쇠고 난 정월 어느 날, 비단 장수를 하는 화주 보살이 미륵사를 찾았다.

"어찌 저렇게 달같이 환한 스님이 있을꼬?"

화주 보살은 객스님인 송규를 보고 마음이 쏠리어 '생불님'으로 받들고 따르게 되었다. 사람들을 만나기만 하면 미륵사에 달같이 환한 스님을 뵈러 가자고 말 소문을 내고 다녔다. 그 뒤 미륵사에 생불님이 계신다는 소문이 퍼져 불공이 줄을 이어 몰리게 되었다.

23세를 맞이한 정산 송규는 사람들이 생불님이라며 떠받들자 더 이상 머물러 있기 곤란하다 여기고 인편으로 봉래정사에 상황을 알리었다. 그러자 얼마 지나지 않아 소태산 스승으로부터 소식이 왔다.

"편지 받는 즉시 돌아오라."

정산 송규는 스승님의 편지를 읽자마자 편지를 손에 쥔 채 그대로 봉래정사로 돌아왔다.

송규는 만덕산 미륵사에 석 달여 간 머물렀다. 미륵사의 화주 보살은 달같은 객스님이 옷 한 벌로 지내는 것이 안타까웠다. 그래서 비단 솜옷을 지어 절을 찾아왔는데 객스님이 떠났다는 말에 가슴이 철렁 내려앉았다.

"주지 스님, 혹시 객스님을 어디에 숨긴 것 아닙니까?"

"그럴 리가 있나. 올겨울 객스님으로 인해 불공도 많이 들어오고 해서 절 살림이 풍족해졌는데 왜 빼돌리겠나?"

미륵사 주지 스님을 의심했던 화주 보살은 객스님이 스스로 떠난 것으로 보여 갈 만한 길을 따라 수소문하였다. 객스님은 하도 달같이 훤한 얼굴에 파르스름한 머리의 미소년 모습이라 어렵지 않게 행적을 찾을 수 있었다.

원기7년(1922) 봄 무렵 미륵사 화주 보살은 물어물어 봉래정사까지 찾아 왔다. 그런데 산에서 달같이 환한 객스님이 나무 한 짐을 지고 내려오는 게 아닌가. 화주 보살은 급히 달려가 새 옷을 올리며 갈아입을 것을 청하였다.

"사부님께서 입으라 하셔야 입습니다."

"생불님 위에 더 큰 스승님이 계십니까?"

"저의 스승님을 뵙고 인사 올리지요."

이에 미륵사 화주 보살은 정산 송규의 안내로 소태산을 뵙게 되었다. 석두암에서 그녀는 안광이 형형한 소태산에게 압도당하였다.

'달같은 생불님에 태양 같은 생불님이 계시는구나.'

소태산은 그녀를 보고 미소 지으며 말하였다.

"방죽을 파면 고기가 모인다더니 과연 모여드는구나."

화주 보살은 마음속으로 황홀하여 어찌할 바를 몰라 했다.

"법명을 주겠으니 잘 받게나."

소태산은 지중한 인연임을 헤아리었다.

"길 도道, 빛날 화華. 도화라 하세."

옆에 있던 정산 송규는 '도화'라 써서 화주 보살에게 건넸다.

소태산은 법명을 받는 그녀에게 미소 지으며 말하였다.

"우리가 할 일은 이 세상에 떳떳한 도를 펴는 일일세. 바른 도를 꽃피우는 일에 선도자가 되게나."

그녀는 다정다감한 소태산의 말씀에 마음이 다 녹아났다. 소태산을 향한 진실하고 굳건한 신심이 피어올랐다. 스승님으로 받드는 마음이 봉래산 산천에 피어오른 것이다. 그녀가 바로 당시 38세의 미륵사 화주 보살 출신 최도화였다.

변산 봉래정사를 나와 전주를 비켜 가면 전주 근교인 진안 만덕산에 이르게 된다. '전주에 들르지 말라'는 것은 아직은 전주에 들 때가 되지 못했다는 것이다.

최도화가 정산 송규에게 물었다.

"전주를 비켜 가실 때 어떤 마음이셨습니까?"

"스승님이 전주는 들르지 말라는 말씀 이외에는 다른 생각이 없었네."

"걱정은 없었는지요?"

"전주는 들르지 말라는 스승님의 말씀을 받드는 그 마음에 걱정 따위는 없다네."

'변산 봉래정사에서 만덕산 가는 길'은 "전주는 들르지 말고 발길 가는 대로 가보아라"는 스승 소태산의 명에 따라 '전주는 바라보지도 않고 지나치는' 신의를 보인 정산 송규의 '만고신의萬古信義의 길'이요, 창립 인연을 찾아 나선 '인연의 길'이었다.

원기7년(1922) 음력 6월 25일.

무더운 삼복더위에 최도화가 땀을 뻘뻘 흘리며 봉래정사를 찾아왔다.

"스승님, 도화입니다."

"어서 오게. 자네가 올 때마다 가져다준 생필품을 요긴하게 쓰고 있네. 고마우이."

"뭐, 소소한 것입니다. 오늘은 인도할 사람이 있어 왔습니다."

최도화

최도화와 함께 온 여인이 석두 거사 소태산에게 인사하였다. 마치 부처님에게 예배하듯이 큰절로 삼배를 올렸다.

최도화가 소개했다.

"이 사람은 진안 마령 사람이고 얼마 전에 남편을 여의었습니다. 외동아들 하나 있는데 늘 아들 걱정입니다."

단정하고 곱게 절을 했던 여인이 말했다.

"선생님을 뵙는 순간 두 번 생각할 것도 없이 '이 어른이다.'라는 확신이 들었습니다. 제 아들을 제자로 받아주시면 원이 없겠습니다."

여인을 한참 바라보던 소태산은 말문을 열었다.

"이 삼복더위에 먼 길을 걸어오느라 애썼네. 절을 정성스럽게 올리는 것을 보니 지중한 인연이 되겠구려. 법명을 줄 것이니 잘 받게나. 삼배 올린 이 마음에 인연하여 삼삼參參이라 하세. 오늘 절 올린 마음에 변심이 없다면 좋은 인연이 될 것이고 모든 일도 잘 풀릴 것이네."

이리하여 진안 마령 출신 전삼삼田參參은 최도화의 인도로 소태산의 제자가 되었으며 이 인연으로 전주 교화에 첫발을 딛게 된다. 이렇듯 최도화는 전삼삼을 시작으로 향후 박사시화, 김만공월, 이청춘 등을 입교 시켜 이들을 통해 서울 교화와 남원, 마령, 관촌, 전주 등 전북 교화의 총 연원이 되어 일원대도의 꽃을 피우는 교화의 길잡이 역할을 한다. 최도화로 비롯하여 인연이 가지 뻗어 나가듯이 펼쳐졌다. 이들의 순교巡敎 활동은 눈부시었다.

결국 변산 봉래정사에서 만덕산 가는 이 길은 만남의 길이요 교화의 길이었다.

코멘터리Commentary

다음 달에 대종사께서 정산 종사를 부안 변산 월명암에 보내시며 말씀하시기를 "불경은 보지 말라." 하시었더니, 경상經床까지 외면하고 보지 아니하셨으며, 그 후 다시 진안 만덕산에 보내시며 말씀하시기를 "전주에는 들르지 말라." 하시었더니, 전주를 바라보지도 아니하고 지나시니라. 후일, 학인에게 말씀하시기를 "내 일찍 대종사께 물건으로 바친 것은 하나도 없으나 정情과 의義에 조금도 섭섭함이 없었노니, 마음으로 한때도 그 어른을 떠나 본 일도 없었고 일로 한번도 그 어른의 뜻을 거슬러 본 적도 없었노라." 〈『정산종사법어』 기연편 4장〉

봄바람과 종곡유숙처

"고모부! 고향 성주로 돌아갑시다."

"이 사람아, 어찌 이렇게 다짜고짜 막무가내인가?"

"고모부 가족을 고향으로 모셔가기 위해 경상도에서 이곳 영광까지 물어물어 왔습니다."

"전라도로 이사했다는 소식에 많이 놀랐겠네?"

"유학자 집안에서 이 무슨 날벼락입니까?"

송벽조와 이운외 부부는 찾아온 이지영을 물끄러미 바라볼 뿐이었다. 이운외는 이지영의 고모였다. 이지영은 공맹孔孟을 하늘처럼 숭상하는 대쪽 같은 유학자로, 고모댁이 외도에 빠져 경상도 성주에서 영광으로 이사 갔다는 소식을 듣고 고향으로 다시 모셔가기 위해 수소문 끝에 영광까지 찾아왔던 것이다.

"그러지 말고 내가 모시는 스승님을 한 번 뵙고 판단하세나?"

"보고 말고 할 그럴 것이 있겠습니까? 고향으로 돌아가게요."

"여기까지 왔으니 고모부가 모시는 스승님을 한 번 뵙고 가는 것이 예에 맞지 않나. 공자님이 살아 다시 오신 듯한 분이네. 자네도 한 번 뵈면 좋을 것이야. 죽은 사람 소원도 들어준다는데 그 정도도 못 하겠는가?"

"그러면 한번 만나 보는 걸로 하고 이후 바로 환고향하는 겁니다."

원기6년(1921) 음력 9월 1일 이지영 46세 되던 해, 이지영은 변산 석두암에서 송벽조의 안내로 소태산을 만나 문답을 나누게 된다. 그런데 이지영은 문답을 나눌수록 감복되었다.

"어서들 오시오. 이렇게 험지까지 오느라 수고가 많았소."

정자관을 쓰고 턱수염을 기른 유생 모습의 소태산은 봄볕 같은 음성으로 맞이하였다. 소태산의 다정한 환대 속에 송벽조는 이지영을 소개했다.

"이 사람은 경상도 금릉에서 왔고 송규가 고종 사촌 동생 됩니다."

이지영은 소태산을 뵙는 것만으로도 압도당하는 기분이 들었고 마치 부모님을 만난 듯 마음이 안정되었다.

"선생님, 이렇게 직접 뵈오니 마음이 황홀하여 삼천 제자를 거느렸던 공자님을 뵙는 것 같습니다. 그런데 유교 선성들이 불교의 가르침에 수긍하지 못하는 점이 있어 늘 마음에 걸립니다."

"그 점이 무엇이오?"

"불교는 허무적멸虛無寂滅을 주장하므로 무부무군無父無君이 된다 하나이다."

"부처님의 본의가 영겁 다생에 많은 부모와 자녀를 위하여 제도의 문을 열어 놓았지만 세월이 흘러 후래 제자들에 의해 혹 그 뜻이 어그러진 바가 없지 않나니, 앞으로는 모든 법을 시대에 적응하게 하여 불법을 믿음으로써 가정의 일이 잘 되게 하고, 사회 국가의 일도 잘 되도록 하려 하노니 무부무군이 될까 염려 하지 마소."

이지영은 국량이 툭 트인 소태산의 말씀에 답답했던 마음이 환히 트이는 기분이 들었다.

"주역周易의 무극과 태극이 곧 허무적멸의 진경이요, 공자의 인仁이 곧 사욕이 없는 허무적멸의 자리요, 자사子思의 미발지중未發之中이 허무적멸이 아니면 적연 부동한 중中이 될 수 없고, 대학의 명명덕明明德이 허무적멸이 아니면 명덕을 밝힐 수 없는 바라, 그러므로 각종 각파가 말은 다르고 이름은 다르나 그 진리의 본원인즉 같은 것이오."

소태산의 말씀이 이어질수록 이지영의 뛰는 가슴은 멈춰지질 않았다.

"그러나 허무적멸에만 그쳐 버리면 큰 도인이 될 수 없으므로, 허무적멸로 도의 체로 삼고 인·의·예·지로 도의 용을 삼아서 인간 만사에 풀어 쓸 줄 알아야 원만한 대도가 될 것이오."

소태산의 말씀 말씀에 이지영의 가슴에 봄바람이 불어왔다. 송벽조가 나서서 이지영에게 물었다.

"어떤가? 의심된 바가 풀리었나?"

이지영은 조심스럽게 말문을 열었다.

"평소 답답해했던 의문이 봄바람에 얼음 녹듯 확 트이는 심경입니다."

소태산이 환한 웃음으로 말을 받았다.

"이보게, 도학공부에 한 번 매진해 보지 않겠나. 법명을 줄 것이니 잘 받게나."

"봄 춘春, 바람 풍風. 춘풍이라 하세."

이춘풍

봄바람에 얼음 녹듯 감화된 심정을 법명으로 주신 것이다. 이지영은 봄바람에 새순이 피어나듯이 도학을 꽃피우는 춘풍으로 거듭나게 되었다. 이춘풍은 일어서서 스승을 받드는 예로 소태산에게 사배를 올리었다. 소태산은 오랜 인연을 다시 만난 듯 미소로 절을 받았다. 이춘풍은 변산 봉래정사에서 소태산을 처음 뵈었을 때 허무적멸虛無寂滅과 무부무군無父無君에 대한 질의응답 속에서 유교의 국한을 벗어나는 탁 트인 체험을 하였던 것이다.

이춘풍은 경상도 금릉 집[김천시 구성면 상좌원, 現 구성교당]으로 돌아갔다. 그러나 마음은 항상 소태산에게 가 있었다.

'어찌하면 스승님을 가까이 모실 수 있을까?'

궁리를 할수록 마음은 답답할 뿐이었다. 이춘풍은 다짐했다.

'그래 무조건 스승님 곁으로 이사 가자.'

그러나 완고한 유학자 집안의 어른들을 설득할 수 없었다. 아들이 없던 이춘풍은 꾀를 내었다.

"어르신들 제가 타관 물을 먹으면 아들을 얻을 수 있을 듯합니다."

이춘풍은 이 말로 집안 어른들의 만류를 돌릴 수 있었다. 설이 얼마 남지 않은 원기7년(1922) 1월 20일[辛酉 음 12. 23]. 이춘풍은 이사를 단행하였다. 소태산은 오창건을 대전에 보내서 춘풍 일가를 맞이하도록 하였다.

"스승님이 줄포 종곡宗谷으로 이사 오라 합니다."

창건의 안내에 따라 춘풍 가족은 호남선 열차로 갈아탔다. 이틀에 걸쳐 1월 22일[辛酉 음 12월 25일] 부안 보안면 신복리 종곡에 도착하였다. 처음은 영광으로 이사 가려 했으나 소태산이 종곡리에 집을 마련해 놓고, 대전까지 오창건을 마중 나가도록 하여

종곡유숙 터

종곡으로 이사토록 한 것이다. 당시 함께 이사 온 가족은 부인 정삼리화와 경순과 정화 자매 그리고 양자 총순과 여동생 등 6명이었다.

이춘풍이 종곡으로 이사 오고부터 석두 거사 소태산을 비롯하여 모든 제자들은 이곳을 거쳐 변산 봉래정사로 들고나가게 되었다. 종곡 집은 공가公家였던 것이다.

또한 이후부터 이춘풍의 부인 정삼리화는 소태산의 의복을 전담하였다. 정삼리화는 소태산의 의복을 빨고 또 빨아서 땅에 닿지 않게 자리 깔아 스승님의 의복을 말려서 받들었다. 석두 거사 소태산이 종곡 집에 오면 이춘풍의 아내 정삼리화는 조석공양을 일천 정성으로 성심껏 구첩반상으로 차려 올리었다. 소태산은 좋아하시며 그 정성에 치하하며 말씀하시었다.

"아이고 좋다. 나 장가 갈 때도 이런 상 못 받아봤다."

소태산은 정삼리화를 다정히 바라보시며 말씀하셨다.

"다음부터는 음식을 단출하게 차리시오."

이춘풍이 여쭈었나.

"그래도 정성을 생각하시어 공양에 응하시지요."

"나는 본래부터 여러 가지 반찬을 놓고 먹지 못하였을 뿐더러 도가에서는 본시 담박을 주장하나니 이후부터는 여러 반찬을 놓지 말고 오직 한두 가지에 그침이 좋을 듯하네."

정삼리화는 고개만 떨구고 있을 뿐이었다. 소태산은 말을 이었다.

"춘풍, 세상 사람들은 분외의 의식주를 취하다가 스스로 패가망신을 하는 자 많으며 설사 재산이 있더라도 사치를 일삼은즉 결국은 삿된 마음이 왕성하여 수도하는 정신을 방해하니, 음식은 항상 담박질소를 주장하는 게 좋겠소."

종곡은 변산에 드는 초입에 있는 마을로 줄포와 곰소의 중간 지점에 위치하고 있어 변산의 관문이었다. 종곡 집은 소태산 뿐만 아니라 영광, 김제, 원평 방면의 제자들이 봉래정사를 드나들 때 유숙처 역할을 하였던 곳으로, 변산 봉래정사 내왕 시 중간 기착지로써 숙박과 관문의 역할을 했던 공적인 장소였다.

이춘풍은 스승이 깨우쳐주신 허무적멸의 마음으로, 봄바람처럼 거듭나 종곡유숙처의 주인역할을 했던 것이다.

코멘터리Commentary

『대종경』 변의품 20장의 "이춘풍이 유가의 규모를 벗어나 출가하여 대종사를 뵈옵고 사뢰기를 … "에서 '출가'를 어떻게 볼 것인가이다.

원기6년(1921) 46세 되던 음력 9월 1일 소태산을 처음 뵙고 입문할 때를 말하는 것인지, 원기10년(1925) 50세 되던 음력 11월 6일 전무출신을 단행하던 때인지의 시점이다.

본 이야기에서는 이춘풍의 출가를 처음 소태산을 만나 입문한 때로 설정하였다. 설사 입문 때가 아니라 해도 그 얼마 후인 소태산 봉래정사 주석기일 것이다.

종곡유숙 터는 본채와 사랑채[초가 3간]가 있었으며, 본채는 현재 경작지로 변해 있고, 소태산 대종사가 묵었던 사랑채는 헐리어 청기와집이 들어서 있다.

종곡유숙 터를 마련한 후에는 줄포를 주로 이용했을 것이며, 전해오는 말에 종곡유숙 터 인근에 물때가 맞으면 배를 대기도 했다 한다.

용두샘, 초심의 길

천왕봉 자락의 석두암은 고요한 아침이었다. 소태산은 입정 중이었고 소태산의 입정은 봉래산을 품었다. 잎을 떨군 느티나무 참나무들이 장군처럼 석두암을 호위하였다.

원기7년(1922) 음력 11월 1일.

송도성

석두 거사 소태산이 출정하자 송규는 아뢰었다.

"도성이가 출가하려고 왔습니다."

송도성은 송규의 동생으로, 몇 년 전 영광에서 소태산을 뵙고 법명을 받았다. 첫 만남에서 "성품의 본래 자리를 연구해 보았느냐."라는 소태산의 질문에 "부심자는 지광지대물이니 수련정신하여 확충기대지심이이[夫心者 至廣至大物 修練精神 擴充其大之心

而耳]. 마음은 지극히 넓고 지극히 큰 물건이라 맑고 신령한 자리를 수련하여 그 큰마음을 확충할 뿐입니다."라고 대답한다.

이에 소태산은 송도성의 말을 듣고 "허, 제법 성품 자리[性]를 말하는구나[道]."라고 하시며, "법명을 말할 도, 성품 성 '도성道性'이라 하자"고 하셨다.

이리하여 송규의 동생 송도열은 '도성'이라는 법명을 받았다. 소태산은 이미 도성을 법기로 보았고 기대가 컸다.

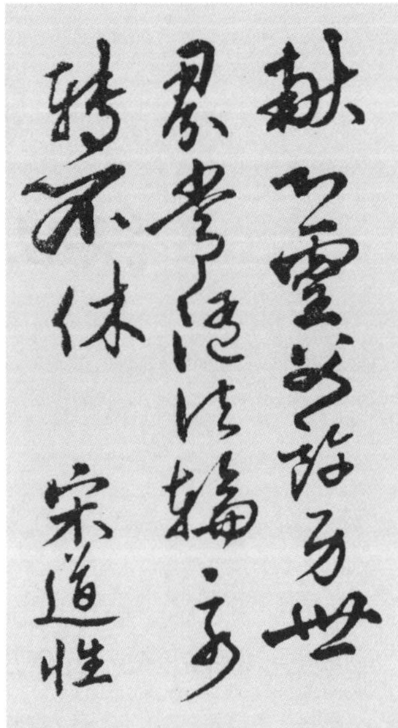

송도성의 출가시

도성은 소태산에게 큰절을 올렸다.

"어서 오너라. 니가 올 줄 알았다."

16세 소년 송도성은 소태산의 따스한 손길에 가슴 벅찼다. 형 송규는 동생에게 출가 서원을 물었다. 도성은 소태산에게 출가 서원을 올렸다.

"헌심영부 허신사계 상수법륜 영전불휴[獻心靈父 許身斯界 常隨法輪 永轉不休]. 마음은 스승님께 바치고 몸은 이 세상에 헌신하여 항상 스승님의 법을 길이길이 굴리겠나이다."

소태산은 도성의 출가송을 듣고 기쁘기 그지없었다.

"그래, 오늘의 이 마음이 변치 않도록 해라."

석두 거사 소태산의 출가 허락에 도성은 마음 벅차기가 그치지 않았다. 이렇게 송도성은 출가하여 봉래정사 생활을 시작했다.

하루는 아침 식사를 마치고 차를 마셨다. 석두 거사 소태산은 차를 즐겼다.

"도성아, 차 맛이 어떠냐?"

"그윽합니다."

"차 한잔을 온전히 마실 줄 알아야 한다."

"어떻게 해야 온전히 차를 마십니까?"

"빈 마음으로 마셔야지."

도성은 소태산이 일러준 대로 빈 마음으로 차를 음미해 보았다.

"……"

"마음이 텅 비면 오묘한 차 맛이 드러난다. 오묘한 맛이 두렷하면 그 자리에서 청정한 맛이 우러나는 자리이다."

제자들은 차 한 모금을 묵묵히 마셨다. 석두암은 차를 음미하는 감미로움으로 가득했다.

"이제 차는 그만하자."

소태산과 제자들은 각자 자기 할 일을 따라 산전山田으로 부엌으로 흩어졌다. 도성은 다기를 싸 들고 용두샘으로 향하였다. 선인봉 자락의 용두샘은 봉래정사의 식수였다. 그 신묘한 용두암에 사람들은 용두샘 물을 정화수로 올리고 기도했던 것이다. 용두샘은 맑고 깨끗했다. 도성은 용두샘에서 물을 떠서 찻잔을 씻었다. 그런데 그만 다관을 떨어뜨려 꼭지가 깨지고 말았다. 도성은 처음 출가하여 석두암 아궁이에 불도 때고 방 청소도 했으나 민첩지 못하다 하여 혼이 나기도 했던 터였다. 그래서 더욱 이 일이 걱정스러워졌다.

용두샘

'스승님이 소중히 여기는 다관인데 어찌하나.'

도성은 걱정이 이만저만이 아니었다. 도성은 떨어진 꼭지를 이리 맞춰보고 저리 맞춰보았다.

'어찌하지. 스승님이 아끼는 물건인데?'

도성은 한숨만 나올 뿐이었다. 시간은 흐르고 흘러 한나절이 지나갔다. 용두샘 우물가에 쪼그리고 앉아 다관의 깨진 꼭지를 붙들고 있었다.

석두 거사 소태산은 아침에 찻그릇을 들고 나간 도성이 한나

절이 지나도 들어오지 않는지라 걱정이 되어 용두샘에 나가 보았다. 도성이 용두샘가에서 다관을 잡고 꼭지를 이리 붙이고 저리 붙이고 있지 않은가.

"도성아, 지금 뭐 하고 있냐?"

"다관 꼭지를 깨뜨리고 말았습니다. 스승님."

"이미 깨어진 것이니 어찌하겠느냐. 앞으로 조심하고 그만 들어가자."

소태산의 다독임에 도성은 눈물이 핑 돌았다. 이후 석두 거사는 제자들에게 무슨 일을 할 때면 말씀하셨다.

"도성이 깨진 그릇 붙이듯이 정성을 들이면 안 될 일이 없을 것이다."

송도성은 소태산의 첫 전문 시봉인으로, 석두암에서 송도성의 시봉은 초발심이었다. 도성의 깨진 그릇 붙이듯 하는 초심은 송도성 일생의 자세였다. 소태산은 도성에게 깨진 그릇 붙이듯이 마음을 접붙이신 것이다.

선인봉 자락은 신선처럼 맑고 청아했다. 송도성의 초발심은 용두샘의 맑은 물처럼 솟아오르고 올랐다. 이처럼 용두샘 가는 길은 주산 송도성의 초심이 깃든 서원의 길이요, 소태산 대종사의 제자 사랑이 배어있는 길이다.

코멘터리Commentary

가끔 송벽조와 도열 부자는 남부에서 삼십여 리 길을 걸어 길룡리에 다녀갔다. 도열이 소태산 문하에 정식 입문하기는 전라도 이사 오고 그 이듬해 경신년 사월 그믐날[원기5년(1920) 6월 15일]이었다.

마침, 부안 변산 실상초당에 거하던 소태산이 영광에 내려와 있을 무렵이었다. 부친을 따라 길룡리에 찾아간 도열에게 소태산은 대뜸 이렇게 물었다.

"그래, 성품의 본래 자리를 연구해 보았느냐?"

그래서 도열은 형[정산 송규]이 준 화두 '성품의 본래 자리를 연구해 보라.'는 숙제의 답안을 내놓게 된다.

"부심자夫心者는 지광지대물至廣至大物이니 수련정신修練精神하여 확충기대지심이이擴充其大之心而耳입니다. 즉 마음은 지극히 넓고 지극히 큰 물건이라 정신을 수련하여 그 큰마음을 확충하는 것입니다."

"허, 네가 제법 성품 자리[性]를 말하는구나[道]."

이리하여 도열은 법명을 '도성道性'이라 불리게 되었다. 〈박용덕, 『대장부』〉

봉래계곡 물줄기와 만법귀일

"엄마, 비와요."

이청풍이 급히 비를 피해 실상초당으로 들어섰다.

"요사이 가물었는데 드디어 비가 오는구나."

비에 젖은 어린 딸의 머리를 닦아주며 김혜월은 텃밭을 바라보았다.

빗줄기는 실상동을 요란하게 내리치었다. 실상초당이며 봉래정사 석두암을 적시었고 봉래정사 뒷산 천왕봉과 선인봉이며 봉래정사 앞산 인장바위와 도학골에 빗줄기가 거세어졌다.

소태산은 정자관을 쓴 채 석두암 마루에 나와 세찬 빗줄기를 바라보았다. 아랫방에서 김남천과 송적벽도 따라 나와 거세어지는 빗줄기를 쳐다보았다.

"스승님, 빗줄기가 무섭게 내리치는데요."

"요즘 가물었는데 밭작물에 큰 도움이 되겠네."

"실상동 마을 사람들도 사자동 마을 사람들도 비 오기를 얼마나 기다렸는지 모릅니다."

김남천의 말에 송적벽이 이어 말했다.

"이곳은 산을 일군 밭농사에 기대어 사는데 비가 안 와 걱정이 이만저만 아니었습니다."

소태산은 석두암 초가에서 세차게 떨어지는 낙수를 바라보고 또 바라보았다. 빗줄기는 굵어지고 더욱 거세어졌다.

얼마 후 이청풍이 칙간에 갔다가 김혜월에게 외쳤다.

"엄마, 비가 그쳤어요."

"정말 그쳤네. 어서 밭에 가봐야겠다."

혜월 모녀는 호미를 들고 실상초당 초입에 있는 밭에 나갔다. 소태산은 벌써 괭이를 들고 나와 있었다.

"혜월, 물이 고인 곳은 터줘야겠소. 남천과 적벽 자네들은 초당 위쪽 밭을 살펴보게."

"예, 스승님. 큰 피해는 없어 보입니다. 밭고랑만 북돋아 주면 괜찮겠습니다."

소태산은 괭이로 물이 고인 곳을 터주었다.

"혜월, 이제 비도 왔으니 이것저것 심어도 좋을 듯하네."

소태산은 산전山田 이곳저곳을 살펴본 후 선인봉과 인장바위,

도학골 층암절벽에서 떨어지는 물줄기며 봉래구곡에서 줄기차게 흘러내리는 냇물을 한동안 바라보고서 제자들에게 말하였다.

"내가 오늘 감각 감상을 말해줄 것이니 잘 들어보게나."

김남천을 비롯한 봉래정사 식구들은 귀를 쫑긋 세우고 소태산을 향하였다.

"저 급류들을 보게. 여러 골짜기에서 흐르는 물이 지금은 그 갈래가 비록 다르나 마침내 한곳에 모이지 않는가? 만법귀일萬法歸一의 소식도 이와 같으니 이 소식을 알아야 할 것이네."

남천이 물었다.

"만법귀일이라면 모든 것이 하나로 돌아간다는 뜻이지요?"

"허허, 자네는 지게질만 잘하는 줄 알았더니 글도 좀 아네그려."

"제가 일만 하는 게 아니라 글공부도 좀 합니다."

적벽이 웃으며 나섰다.

"남천, 언제 글공부를 했나. 내가 분발해야겠네."

소태산과 남천과 적벽은 웃음으로 이어받았다.

"남천, 실상사를 품고 있는 천왕봉에 떨어진 빗물은 어디로 흘러가는가?"

"당연히 실상동을 굽어 흐르는 봉래구곡의 내[川]로 흘러들지요"

"봉래정사 맞은편의 도학골에 떨어진 빗줄기는 어디로 흘러드나?"

"예, 그도 당연히 봉래구곡의 내로 모이겠죠."

중계 및 백천내

칠보대기와 실상천

"그러면 봉래구곡의 내에 모인 냇물은 어디로 흘러가는가?"

"중계中溪 백천百川내로 흘러갑니다."

"백천내로 흘러간 물은 또 어디로 가나?"

"중계를 지나 해창海蒼에 이르러 바다로 흘러갑니다."

"남천과 적벽, 이것이 바로 만법귀일의 성리 소식이라네."

남천이 이 뜻을 이해한 듯 말을 받았다.

"온갖 물줄기가 만법萬法이라면 백천내에 모여 해창으로 흘러가는 것은 귀일歸一이라 할 수 있겠네요."

적벽이 말을 이었다.

"백천내를 백 가지 물줄기가 모이는 곳이라 해도 되겠는데요. 그러면 백천내는 온갖 물줄기가 모이는 귀일처네요."

"허허, 남천의 말도 적벽의 말도 다 근사하네그려."

세월이 흘러 봉래정사는 연두색이 푸르러지더니 어느새 갈색으로 변해갔다.

"노성아, 방에 상을 펴거라."

"예, 스승님."

도성은 시렁 위에 놓인 상을 내려 길게 놓았다. 이춘풍, 김남천, 문정규, 송규, 송도성이 나란히 상 주위에 둘러앉았다.

소태산은 제자들과 일일이 눈을 맞추더니 말문을 열었다.

"하늘에 먹구름이 낀 걸 보니 비가 오려나 보다. 내 전에 거센 빗줄기가 층암절벽에서 흘러내리는 풍광을 보고 만법귀일의 감각 감상을 말해주었는데 그 소식을 연마해 보았는가?"

송규가 대답하였다.

"빗물이 온갖 물줄기로 흘러내려 백천내에 모이어 해창으로 흘러가 바다로 하나 되듯이 온갖 마음이 일어난다 해도 그것은 본래 한마음이라는 소식입니다."

"규야, 만법이 본래 한마음의 나타남이니 한 생각이 일어난즉 바로 한마음의 백천내로 모아서 한마음의 해창으로 흘러가도록 돌이켜야 한다."

송도성이 여쭈었다.

"마음을 내기만 하면 분별심에 귀착되고 마는데요. 어찌해야 한마음의 백천내로 모아서 한마음의 해창 앞바다로 흘러가게 할 수 있습니까?"

"니가 몰라서 묻는 것은 아닌듯하니 연마한 것을 자문자답해 봐라."

"온갖 분별이 일어난다 해도 그 돌아갈 자리를 살펴보면 바로 한마음입니다."

송규가 대꾸했다.

"만법이 본래 한마음이고 한마음에서 만법이 드러납니다."

"도성이 말도 맞고 규의 말도 적중했다. 만법귀일처는 본연 청정한 우리의 본래 자리이다. 온갖 물줄기가 한곳으로 흘러가듯이 일어나는 온갖 마음을 돌이켜 보면 본연 청정한 한마음으로 흘러간다. 만법은 이 한마음에서 일어나고 사라지는 것이다."

이춘풍이 끼어들었다.

"봉래구곡의 냇가에 가서 물 흘러가는 소식을 자주 들어야 하겠습니다."

"형상에 분별 집착하면 만법의 귀일처歸一處를 망각하게 된다. 그러므로 온갖 형상에 끌려가는 생각의 방향을 돌이켜서 반조하면 그렇게 자각하고 있는 깨어있는 한자리를 직관하게 된다. 이 자리가 만법이 돌아갈 귀일처이다."

송규가 말을 받았다.

"스승님, 한 생각이 난즉 생각이 일어난 청정한 귀일처를 돌이켜 직시하면 일어나는 온갖 마음자리가 곧바로 만법귀일처의 소식이네요."

소태산은 송규의 눈을 그윽이 바라보며 서로 미소를 주고받을 뿐이었다.

석두 거사 소태산은 다시 눈길을 이춘풍에게 돌렸다.

"춘풍, '정심요결' 한글 번역은 잘하고 있는가?"

"번역은 다 마쳤고 여식 경순이와 필사 중입니다."

"내가 왜 우리말로 번역도록 하는지 알겠는가? 앞으로 교서는 한글로 제정할 것이네."

"스승님께서 다가올 시대에는 세계 사람들이 한글을 배우러 온다고 하셨습니다."

"자넨 딸부자 아닌가? 어린 경순이가 벌써 글을 베껴 쓴다 하니 대견하네그려."

이춘풍은 잠시 감상에 젖어 있는 소태산에게 책 한 권을 건네었다.

"스승님이 지으신 〈회성곡〉입니다. 제가 틈나는 대로 필사한 것입니다."

"글씨가 참으로 유려하네. 내 한 구句를 불러 줄 테니 받아쓰게나."

이춘풍이 책을 받아 속표지를 펼치니 소태산은 한 구를 읊었다.

"통만법명일심通萬法明一心. 일만 법을 통하여다가 한마음을 밝히라."

이춘풍이 받아쓰는 사이 석두 거사 소태산은 송규에게 시선을 돌렸다.

"규야, '수양연구요론'과 '조선불교혁신론'을 왜 한글로 초안했는지 그 의도를 잘 드러내야 할 것이다. '수양연구요론' 표지에도 '통만법명일심通萬法明一心'을 써 붙이어라."

"알겠습니다, 스승님."

"누구나 '만법을 통하여 한마음 밝히는 이치'를 알아 행하면 대원정각大圓正覺을 얻게 될 것이다."

송규가 여쭈었다.

"수양연구요론에 '통만법명일심通萬法明一心'을 써 붙이도록 한 것은 통만법명일심으로 만법귀일의 소식을 체득하라는 것이지요."

"그렇다. 온갖 심상의 만법을 통해서 한마음 자리를 밝히라는 것이다."

소태산은 다시 이춘풍에게 시선을 돌렸다.

"춘풍, 대원도大圓圖는 잘 연구하고 있는가?"

가만히 이야기를 듣고만 있던 문정규가 이춘풍에게 궁금한 듯 물었다.

"대원도가 무엇이오?"

"대원도는 크고 두렷한 자리로 스승님께서 깨달으신 대원정각大圓正覺의 자리 아닙니까? 대원大圓의 도道로써 유불선의 강령을 추어 잡으려 연마 중입니다."

소태산은 미소를 지으며 다정하게 말을 건넸다.

"춘풍, 통만법명일심하면 만법귀일이 되어 대원도에 들 것이네."

최도화가 봉래정사를 찾아왔다. 봉래정사에 필요한 이것저것을 구해 머리에 이고 온 것이다.

"스승님, 도화입니다. 그동안 별일 없으셨지요?"

소태산은 무거운 짐을 이고 온 최도화의 노고는 아랑곳하지 않고 대뜸 말했다.

"별일 있었네."

"아니 무슨 큰일이라도 있었습니까?"

"있었지. 큰일을 말해줄 테니 잘 들어보게."

최도화는 긴장하는 모습이었다.

"푸른 병에 푸른 물이 하나 있고, 노란 병에 노란 물이 하나 있고, 붉은 병에 붉은 물이 하나 있는데 그게 뭔고?"

"만법귀일입니다."

"허허, 알고 말하는지 모르겠다. 절집 화주 노릇을 했다고 대답은 잘하는구나."

석두 거사 소태산은 봉래산 실상동의 층암절벽에서 흘러내리는 온갖 물줄기가 백천내에 모여 광활한 바다인 해창으로 흘러가는 모습 속에서 만법귀일의 소식을 깨닫도록 한 것이다. 봉래계곡을 따라 거닐면서 만법귀일의 소식을 깨달아 "알고 말하는

구나."라는 석두 거사 소태산의 인가를 받아야 할 것이다.

코멘터리Commentary

변산은 건산乾山이라 상류 구곡로는 비가와도 며칠만 지나면 말라버리나 물이 모이는 중류 백천내에서 중계-석문-군막[부안댐]-묵정-해창의 하구로 이어지는 물길은 물이 풍족했다.

대종사, 봉래정사에 계실 때 때마침 큰 비가 와서 층암절벽 위에서 떨어지는 폭포와 사방 산골에서 흐르는 물이 줄기차게 내리는지라, 한참 동안 그 광경을 보고 계시다가 이윽고 말씀하시기를 "저 여러 골짜기에서 흐르는 물이 지금은 그 갈래가 비록 다르나 마침내 한곳으로 모아지리니 만법귀일萬法歸一의 소식도 또한 이와 같으니라." 〈『대종경』 성리품 10장〉

장 구경과 자리이타

단장 소태산은 김광선 단원에게 물었다. 김광선은 소태산에게 공석에서는 스승과 제자 간이지만 사석에서는 의형이었다.

“방언답 염독鹽毒은 잘 빼고 있소?”

“물을 넣었다 빼기를 반복하고 있습니다.”

“염기를 다 빼려면 이러한 작업을 몇 년은 해야 하오?”

“방언하고서 한 5~6년간은 지속해서 염기를 빼야 제대로 농사지을 수 있는 농토가 될 듯합니다.”

“이러한 이해가 없는 소작인들은 바로 풍작을 기대할 텐데 상황은 어떠하오?”

“몇 년간 더 염독을 빼야 풍작을 기대할 수 있다고 일러주고 있습니다.”

“다들 당장 풍작을 바랄 건데 실농이 이어지면 실망도 클 것이니 마음을 잘 다독여 주시오."

"알겠습니다, 스승님. 이곳 방언 둑과 방언 답은 저희 영광 단원들이 잘 관리하겠습니다."

"내 단원들을 믿고 변산에서 제법에 전심하리다."

소태산은 방언 둑과 방언 답 상태를 둘러보고 다시 봉래정사로 향하였다.

영산-변산 간 육로는 선진포에서 거룻배를 타고 지아닐로 나와 산길, 들길, 고갯길 2백 리를 걷는 노정이었다. 소태산은 봇짐 속에 누룽지를 빻아 만든 깡밥 가루를 넣고 짚신과 왕돗자리를 매달았다. 왕돗자리는 도중에 팔아서 노자에 보태기 위해서였다. 선진포를 건너 입암리를 지나 지아닐을 거쳐 용덕리 발막을 지나 공음에 드니 장이 성황이었다.

아침부터 광주리를 이고 나온 사람들과 고무신이며 새로운 옷감들이 사람들의 시선을 끌었고, 대장간은 풀무질로 불길이 치솟았고 호미며 삽 등을 사 가는 사람들로 북새통이었다.

또한, 장터 한곳에선 지게에 옹기를 한 무더기 지고 나와 살 사람을 찾고 있었다. 소태산은 유심히 장터 사람들을 살폈다. 빈 지게만 지고 온 사람이 옹기장수에게 말을 걸었다.

"이거 당신이 만든 거요?"

"내손으로 빚은 것이오. 참나무 잿물에 담가 구운 것이라 좋소."

주거니 받거니 흥정하는 사람들을 소태산은 재미난 볼거리인 양 지켜보았다.

갈 길이 바쁜 소태산은 걸음을 다시 재촉했다. 두암을 지나 작 고개를 넘고 궁산을 거쳐 도원을 지나니 심원이 저 멀리 보였다.

"내가 목숨 걸고 적공했던 연화봉이 멀지 않구나."

소태산은 지난 일을 잠시 돌이켜 보더니 다시 걸음을 옮겼다. 구간도실에서 늦은 출발로 인해서 해는 벌써 서산에 기울고 있었다. 어느덧 심원 연화리에 도착한 소태산은 하루 묵을 곳을 찾았다. 심원은 마침 장날이었다. 저잣거리의 주막에 여장旅裝을 푼 소태산은 장 구경에 나섰다.

심원 장은 막바지 분위기였다. 다들 필요한 물건을 한 보따리씩 짊어지고 이고 지고 들락거렸다. 생선전은 남은 생선을 떨이로 넘기기 바빴으며, 대장간 풀무는 쉬어 불씨가 식어갔고, 옹기 장수만이 아직 흥정이 있어 얼굴이 빨갛게 달아올랐다.

소태산은 옹기장수 옆에 자리를 펴고 왕돗자리를 펼쳐 놓았다.

"이보시오, 이 돗자리 필요치 않소."

"돗자리가 커서 좋소. 안 그래도 필요했는데 내가 사리다."

"오늘 장사가 잘되었나 봅니다."

"옹기를 팔러 올 때면 내심 팔리지 않으면 어쩌나 걱정했소만 다행히 구하는 분을 만나 다 팔았소. 이 돈으로 쌀이며 고기며 돗자리도 살 수 있어 기분이 좋소이다."

빈 지게 지고 왔던 사람이 대꾸했다.

"저는 얼마 전에 새살림을 시작하여 살림 기구가 없어서 오늘 뭔가를 장만하러 장에 나왔는데, 마침 필요한 옹기를 구하게 되어 지게에 져도 무거운 줄 모르겠습니다."

소태산은 장터 사람들과 이런저런 대화로 웃음이 이어졌고 옹기를 다 판 옹기장수는 주막에 들러 탁주 한 사발을 들이켰다.

다음날 이른 아침, 소태산은 심원에서 곰소로 넘어가는 배편을 알아봤다. 배편으로 바로 줄포만을 건널 생각이었으나 배를 탈 사람이 적어 기다려야만 했다. 소태산은 마냥 기다릴 수 없어 육로로 나서길 작정하였다. 심원을 출발하여 바삐 발걸음을 옮기니 서해연변을 따라 후포를 거쳐 줄포에 다다랐다.

줄포 포구 주변의 큰 창고에는 쌀가마니를 배에 실어 나르는 일꾼들로 분주했다. 포구는 일본으로 쌀 등을 실어 나르는 배들이 줄지어 있었다. 일제는 조선을 식민지로 몰아넣어 자기들의 배만 채우기 바빴다. 소태산은 이러한 행위가 배은자의 장난으로 여겨졌고, 이처럼 약자들의 피땀을 빨아먹는 고혈마의 수작에 소태산의 얼굴은 찡그려졌다.

소태산은 줄포 포구를 향해 심고를 올렸다.

"세상의 강자들이여! 약자를 억압하고 속이는 것으로 유일한 수단으로 삼으니 애석하기 그지없고 강자로서 강자 노릇할 줄

줄포 옛 포구 터

모르니 어찌 불쌍치 아니하리오. 자신이 이미 강자라면 저 약자를 도와주고 인도하여 강자가 되도록 북돋아 주어야 할 것이니, 하루속히 서로 이롭게 되는 자리이타自利利他 법을 써서 영원한 강자의 길에 들기를 바라나이다."

소태산의 간절한 염원이 줄포 천지에 울리었다. 소태산은 다시 발걸음을 옮겨 종곡 이춘풍 가家로 향하였다.

"춘풍 있는가?"

소태산의 외침에 춘풍은 신을 신는 둥 마는 둥 마당에 나섰다.

"길룡리에서 오시는 길이신가요? 영광 단원들은 잘 있지요?"

영광 소식을 궁금해하는 이춘풍과 잠시 담소를 나눈 소태산은 다시 발길을 옮겼다. 이춘풍과 더불어 종곡의 갯바람과 산바람이 소태산과 동행했다.

소태산과 이춘풍은 벌써 우동마을을 지나 굴바위가 있는 우바위재를 넘어섰다. 암소 한 마리가 앉아있는 듯한 우바위재를 넘어 회양골을 지나 와룡소가 있는 와룡골 절경을 구경하고 불당골을 지나 뫼재를 넘어 사자동 칠보대기에 이르렀다. 계곡을 따라 앞으로 일곱 부자가 나온다는 일곱 덩어리 바위가 있는 사자동에 이른 것이다.

"스승님, 산길이지만 실상동 봉래정사로 가는 지름길이네요."

"산세도 좋고 와룡소도 구경하는 절경 아닌가?"

어느새 소태산과 이춘풍은 실상초당 사립문을 열고 들어섰다. 김남천과 송적벽이 산비탈 밭에서 급히 달려왔다.

"먼 길에 고생하셨습니다."

"잘들 있었는가? 오랜만에 자네들을 보니 더 반갑네."

봉래정사 제자들은 석두암에 올라 소태산에게 인사를 올렸다.

"자, 인사는 했으니 자리에 앉게나."

"영광 단원들은 다들 잘 있지요. 방언 답이 어찌 되었는지 보고 싶습니다."

"조만간 풍년을 기약할 농지가 될 것 같소."

석두암은 정답게 이야기꽃으로 넘실거렸다.

"자네들을 오랜만에 만난 반가움에 오는 길에 장 구경한 감상담을 말해주겠네. 장 구경한 소득이 얼마나 되는지 잘 들어

보시게?"

김남천, 송적벽 등을 비롯한 봉래정사 제자들은 기대에 가득 찬 표정이었다.

"아침에 옹기장수가 옹기 한 짐을 지고 장에 왔고 어떤 사람은 지게만 지고 왔는데, 그들이 돌아갈 때는 옹기장수는 다 팔고 지게만 지고 가고, 지게만 지고 온 사람은 옹기를 사서 지고 가는데, 두 사람이 다 만족한 기색인 게 아닌가?"

"나는 이 광경을 보고 큰 감각 감상을 얻었네그려. 당초에 옹기장수가 지게만 지고 온 사람을 위하여 온 것도 아니고, 지게만 지고 온 사람이 옹기장수를 위하여 온 것도 아닌데, 각기 다 자기의 구하는 바만 구하였건만 결국에는 두 사람이 다 한 가지 기쁨을 얻었으니, 이것이 곧 서로 의지하고 바탕이 되는 이치 아닌가."

소태산의 연이은 말씀에 제자들은 적묵에 깊이 잠기었고 석두암을 지나는 산새마저도 고요하였다. 석두 거사 소태산은 잠시 침묵하더니 다시 말문을 열었다.

"또 어떤 사람은 가게 주인이 거만하다 하여 화를 내고 그대로 가니, 사람들이 말하기를 저 사람은 물품을 사러 장에 온 것이 아니라 대우받으러 장에 온 것이라고 비웃었으며, 또 한 사람은 가게 주인이야 어떠하든지 자기가 살 물품만 실수 없이 사는지라 좌우 사람들이 모두 그를 옳게 여기며 실속 있는 사람이라

줄포장 터

고 칭찬을 아끼지 않더구먼. 이 모습을 보는 장 구경 재미가 솔솔 했네."

소태산은 공손히 두 손을 모은 채 경청하고 있는 송규에게 눈길을 돌렸다.

"규야, 줄포 포구를 보니 쌀들이 창고에 가득하고 그것이 어디론지 반출되어 나가는데 자리이타自利利他가 되지 못하고 강자들의 배만 채우는 듯하니 이는 고혈마의 세상이 되고 마는 것이다. 오늘 구경한 장터처럼 장사꾼도 이롭고 장 보러 온 사람도 이롭게 되는 서로 도움이 되고 의지가 되는 세상이 되어야 할 것이다."

"자리이타의 세상이 되려면 어떻게 해야 합니까?"

"자리이타법을 써야 하겠지?"

"자리이타법을 쓰려면 어떻게 해야 합니까?"

"우리 마음이 청정해야 한다. 본래 청정한 성품 자리를 밝혀내야 자리이타의 도가 드러나는 것이다."

"청정한 우리의 본성을 밝혀야 자리이타의 도를 밝게 드러낼 수 있다는 것이네요."

"그렇지. 일전에 교강을 선포하지 않았냐. 사은사요가 바로 자리이타법이다. 특히 동포은은 자리이타의 도이며 이 도를 알아야 동포은을 체감할 수 있는 것이다."

"동포은을 알아야 강자가 진정한 강자가 될 수 있겠네요."

"마음을 관하여 언어도단의 입정처에 들어야 진정한 은혜의 실상을 보게 되며, 특히 동포의 자리이타 도를 드러내어 세상을 은혜 세상으로 가꾸어갈 수 있는 것이다."

"관심입정처觀心入定處를 모르면 사은의 은혜도 모르겠네요."

"규야, 교강으로 교화의 주체를 삼은 이유를 알겠냐?"

"스승님이 제정하신 사은사요 삼강령 팔조목은 우리의 본래 마음에 바탕하고 있습니다."

"내가 대각 직후에는 오직 발심조흥으로써 교화의 주체로 삼았고, 저축조합 방언공사 법인기도할 때는 신성 단결 공심으로 교화의 주체로 삼았으나 이제부터는 교법으로 주체를 삼겠다는 것이다."

"사은사요 삼강령 팔조목으로 교화하시겠다는 것이지요?"

"그렇다. 정의正義란 자리이타가 화化하는 법이다."

"한쪽만 이롭다든지 한쪽만 해롭게 되어서는 안 된다는 것입니다."

"장을 잘 보는 사람처럼 나의 이로움이 남의 이로움도 되는 그러한 관계가 되어야 한다. 나만 좋다든지 또는 남만 좋다든지 하는 것이 아니라 나와 남이 서로서로 함께 좋을 수 있는 관계를 운용해야 한다."

석두암 방안에 둘러앉은 제자들은 소태산과 송규의 문답을 숨죽이고 듣고 들었다.

"명심하시오. 청정한 마음일 때 자리이타의 도가 선명해지므로, 텅 비어 고요하며 신령하여 깨어 있는 우리의 본래 마음을 발견하여 그 자리에 그쳐있도록 관심입정觀心入定에 매진하시오."

석두암은 초롱초롱하였다. 마음을 관하여 분별 망상이 떨어진 입정의 자리에 들어, 이 세상을 자리이타로 화하는 천지로 드러냈다.

이처럼 영광에서 변산으로 오는 도중은 자리이타의 감각 감상지이며 변산 봉래정사 석두암은 세상을 자리이타의 도道로 드러내는 법도량이었다.

코멘터리Commentary

식두 서사 소태산이 영광에서 봉래정사로 오면서 구경한 장터가 어디냐는 것이다.

『대종경』 교단품 23장의 저본인 송도성 수필법문을 보면 "영산으로부터 봉래정사로 오는 노路 중"이라 하고 노중을 도途 즉 육로로 보고 있다. 또한 "내가 금번에 오다가 중로中路 어떠한 저자가의 여사旅舍에 투숙하였는데 그날이 마침 장날이어서"라는 말씀처럼 저잣거리의 주막 등에 묵었던 것이다. 또한 "송적벽, 김남천, 이춘풍 등이 정사에 있다가."라는 표현이 나온다. 그렇다면 이춘풍은 자신의 거처인 종곡 유숙처에 있었던 것이 아니라 봉래정사에 있었다는 것이다.

본 이야기에서는 소태산이 장 구경하신 곳을 발막-공음-심원-후포-줄포의 노선 중에서 심원 장으로 설정하였다. 왜냐하면 줄포 장이었다면 분명 종곡 이춘풍 가에서 일숙하셨을 것이기 때문이다. 이춘풍은 이미 봉래정사에 있었다. 다만 본 이야기에서는 이야기의 풍성함을 위해서 종곡유숙처에 들러 이춘풍이 동행한 것으로 설정하였다.

또한 "아침에 옹기장수는 옹기 한 짐을 지고 장에 오며"라는 말을 저녁의 한 시점에서 하루를 포괄적으로 살펴본 장면으로 스케치하였다.

13세 각과 현묘한 자리

철렁철렁 석장 소리가 울리더니, 백학명白鶴鳴 선사가 실상초당 사립문을 열고 들어왔다. 실상초당 마당에서 어린 소녀 이청풍이 방아를 찧고 있었다. 윤기 나는 턱수염을 기른 소태산은 학명 스님을 반갑게 맞이하며 말하였다.

"저 방아 찧고 있는 청풍이가 도가 익어 가는 것 같습니다."

학명과 소태산은 격외格外의 설說로써 성리 이야기하기를 즐기는 사이였다.

"그런가요? 어디 한번 봅시다."

학명 선사는 청풍 앞으로 가서 큰소리로 외쳤다.

"발을 옮기지 말고 도를 일러오너라."

그러자 청풍은 엄연儼然히 서서 절굿대를 공중에 쳐들었다. 학명 선사, 소태산을 따라 방에 드니 청풍도 뒤따라 들어왔다. 방안에 따라 들어온 청풍에게 학명 선사는 한마디 일렀다.

“지 벽에 길린 달마를 길길 수 있겠느냐?”

“있습니다.”

“그러면 걸려 보아라.”

청풍은 일어서서 서너 걸음 거닐었다. 그러자 학명 선사 무릎을 치며 말씀하셨다.

“13세 각[十三歲覺]이다.”

어린 소녀 이청풍이 방에서 나가자 학명은 소태산에게 말하였다.

“꼬리 날까 염려되네. 배워서 안 것이라 실지로 실상을 꿰뚫어야 할 것이오.”

달마도(학명)

봉래정사에 저녁이 찾아왔다. 저녁 식사와 도량 일들을 마무리하고 방안에 다들 모였다.

“청풍아, 일러 둔 대로 잘했다. 연기도 아주 좋았고 ‘13세 각’이라 축하할 일이다.”

김남천이 말했다.

“낮에 청풍이 했던 행위는 스승님이 시키신 것입니까?”

이청풍이 답했다.

"스승님께서 학명 스님 오시면 이러이러하게 하라고 미리 일러주신 것입니다."

소태산은 방바닥을 몇 번 뚝뚝 치면서 무언가 중요한 결정을 내리는 심정으로 말문을 열었다.

"견성하는 것이 말에 있지도 아니하고 없지도 아니하나, 앞으로는 그런 방식으론 견성 인가를 내리지 못하리라."

김남천이 여쭈었다.

"앞으론 어떻게 견성 인가를 내리실 것입니까?"

소태산은 당신이 직접 깎아 만든 염주를 돌리며 침묵을 잠시 가졌다.

"평소 생활하는 것을 보면 알 것이니 아는 것보단 하는 행동에 초점을 둘 것이오."

오늘 하루 천왕봉 기슭을 따라 봉래정사에 맑고 맑은 청풍淸風이 휘감아 돌았다.

석두암을 건축하자 학명 선사는 검은색 목판에 흰 글씨로 석두암 편액을 써 주었고, 친히 달마도를 쳐서 보내주었다.

"잘 보이는 저쪽 벽에 걸어두면 어떻겠소."

김남천은 소태산의 의견에 따라 방문 맞은편에 달마도를 걸었다. 소태산은 학명 선사의 호의에 항상 고마울 뿐이었다. 이른 아침 소태산은 제자들을 석두암 뜰 앞에 모이도록 했다.

"우리가 학명 선사에게 신세를 많이 졌으니 이 주변에 자생하는 차를 따서 스님께 공양하면 어떻겠소."

문정규가 별일 아닌 듯 퉁명스럽게 말했다.

"그거 어려운 일 아니니 함께 합시다."

봉래정사 식구들은 다들 부모님께 선물하는 양 내 일처럼 차 따는 일을 열심히 하였다. 어느덧 찻잎이 수북이 쌓였다.

"도성아, 이 찻잎을 학명 스님께 갖다 드려라."

평소에도 소태산의 심부름으로 월명암 행차가 잦았던 송도성은 자루를 메고 월명암으로 향하였다. 10대 후반의 소년 송도성은 학명 스님께 큰절로 인사를 올렸다.

"석두 거사께서 학명 스님께 고마움을 표하라 하셨습니다. 이 찻잎은 저희 봉래정사 식구들이 시간을 내어 딴 야생차입니다."

"이렇게 귀하고 정성스러운 선물을 잘 받았다고 석두 거사에게 전해라. 잘 덖으면 좋은 차가 되겠다."

학명은 달마도를 치고 있었다. 송도성은 학명 스님 옆에 앉아 넋을 잃고 붓끝이 가는 것을 지켜보았다. 그러한 모습을 학명은 물끄러미 대견하게 쳐다보았다.

"석두 거사에게 조만간 석두암에 갈 일이 있을 거라고 전하거라."

며칠 후 학명 선사가 석두암을 찾았다.

"석두 거사 계시오."

정자관을 쓴 석두 거사 소태산은 석두암 윗방에서 급히 뜰로 나왔다.

"어서 오십시오. 어인 일로 이렇게 별안간 오셨습니까?"

"우리는 운형수제 아닌가? 구름처럼 왔다 구름처럼 가는 인연들 아니오?"

"항상 저희를 살펴주시어 고맙습니다. 보내주신 달마도는 방에 들고나면서 한 번씩 볼 수 있도록 저쪽 벽에 걸어두었습니다."

"도성이는 어디 갔소?"

"땔나무 하러 산에 갔습니다. 곧 돌아올 것입니다."

달마도(주산 송도성)

"도성이가 달마도를 치는 것이 상당하오. 저번에 월명암에 심부름 왔을 때 내가 달마도를 치고 있으니 넋을 잃고 지켜보더이다."

"스님의 달마도 치는 모습에 매료되었나 봅니다."

"내가 잠깐 나갔다 들어와 보니 한 장을 그렸기에 기특하여 몇 장 더 그려보도록 하였더니 소질이 있소."

"도성이가 요즘 달마도 치는 데에 재미를 붙인 것 같습니다. 그런데 도성이가 치는 달마도가 스님의 달마도와 닮아 갑니다."

"허허, 그린가요."

학명 선사와 소태산은 서로의 마음을 터놓고 마음을 주고받았다. 봉래정사의 하루는 이렇게 도담道談으로 시간 가는 줄 모르고 흘러갔다.

약방을 했던 문정규가 전주에서 찾아왔다. 문정규는 전주에서 변산 봉래정사를 매달 두세 차례 내왕하였고, 한번 오면 사나흘씩 머물며 소태산의 법설에 환희용약하였다.

"스승님, 정규입니다. 그런데 안 보이던 달마도가 있네요."

김남천이 끼어들었다.

"자네는 모르겠군. 월명암 학명 스님 작품 아닌가?"

문정규는 호기심 어린 표정으로 말했다.

"금방이라도 걸어 나올 듯합니다. 생기가 넘치네요."

석두 거사 소태산은 문정규를 물끄러미 바라보며 물었다.

"정규, 벽에 걸린 저 달마 대사의 영상을 걸릴 수 있겠는가?"

정규 아뢰었다.

"능히 걸리겠나이다."

"그러면 한 번 걸려 보소."

그러자 정규는 곧바로 일어나 몸소 방안을 두서너 걸음 걸어갔다.

"그것은 정규가 걷는 것이지, 어찌 달마 화상을 걸렸다 하겠는가."

문정규는 김남천을 바라보며 대답했다.

"동천에서 오는 기러기 남천으로 갑니다."

석두 거사 소태산은 김남천과 문정규를 차례로 눈을 맞추며 말문을 열었다.

"벽에 걸린 달마도는 청정한 본래 마음이 드러난 실상이니, 만약 정규가 이 청정한 자리를 드러내면 달마 대사의 영상이 걷는 것이 되고 동천에서 오는 기러기 남천으로 가게 될 것이네. 그러나 이 자리는 실상을 투철해야 사실이 되는 것이니 말로써 능사로 삼을 것도 아니요, 또한 말하지 않는 것이 능사일 수도 없네. 실지로 청정한 자리에 들어야 할 것이니 이 점을 명심하게."

그렇게 또 봉래정사의 하루는 성리 문답 속에서 도담道談으로 지나갔다.

어느덧 봉래정사에 겨울이 찾아왔다. 봉래정사의 겨울은 적막했다. 낙엽을 다 떨군 나무들이 장군처럼 석두암을 둘러싸고 있고 겨울에도 푸르름을 드높이고 있는 소나무들이 우뚝 솟아 있었다. 소태산은 화롯불을 방 가운데 피워놓고 제자들과 둘러앉아 회화도 하고 공사도 하고 공부담도 나누었다. 방안은 화기로웠다. 서로서로 하루의 감상을 나누었다.

이야기를 듣고 있던 석두 거사 소태산이 말문을 열었다.

"옛날 어느 학인學人이 그 스승에게 도를 물었더니 스승이 말하되 '너에게 가르쳐 주어도 도에는 어긋나고 가르쳐 주지 아니하여도 도에는 어긋나나니, 그 어찌하여야 좋을꼬.' 하였다 하니, 그대들은 그 뜻을 알겠는가."

좌중은 묵묵부답이었고 방안은 화롯불만 타오를 뿐이었다. 때마침 겨울이라 흰 눈이 뜰에 쌓여 있었다. 소태산은 문을 열고 밖에 나가 친히 도량道場의 눈을 치우니, 이에 송적벽이 급히 나가 눈가래를 잡으며 방으로 들어가시기를 청하였다.

소태산은 한사코 눈가래를 놓지 않고 말을 이었다.

"내가 지금 눈을 치우는 것은 눈만 치우기 위함이 아니라 그대들에게 현묘한 자리를 가르치기 위함이다."

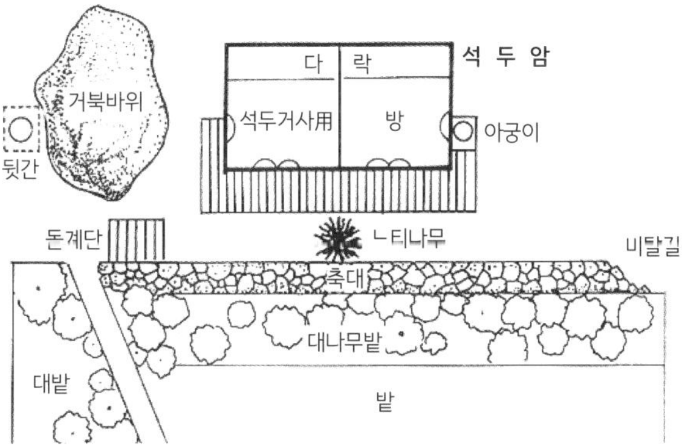

석두암 구조

송규가 나섰다.

"도는 알고 모르는데 있지 않습니다. 그러니 가르쳐 주어도 어긋나고 가르쳐 주지 아니하여도 어긋나는 것입니다. 가르쳐 주면 아는 데 걸리고 가르쳐 주지 않으면 모르는 데 걸리게 됩니다."

"알고 모르는 분별을 놓아버리면 그 자리에 찬란한 광명이 빛난다. 아는 것을 깨어 바라보고 모르는 것을 깨어 바라보는 그 자리는 일체의 알고 모름에 걸림이 없다."

소태산의 말씀에 침묵의 깊이가 깊어졌다. 제자들의 눈을 깊이 바라보던 소태산은 일갈하였다.

"마음속의 눈[雪]을 치워야 한다. 안다는 눈이 내리고 모른다는 눈이 내려 쌓이게 된다. 안다 모른다는 분별의 눈을 치워라. 자기의 눈가래를 잡아야 한다."

"그 방법은 회광반조迴光返照하는 것이다. 안다 모른다는 것에 끌려가는 마음의 빛을 돌이켜 마음 당체를 비추어 보는 것이다."

"마음 마당에 내린 분별 망상의 눈을 치워라. 분별 망상의 눈에 덮이지 않는 원래 마음 마당을 발견해서 그 풍광을 즐기고 그 자리에서 뛰어놀아야 한다."

석두 거사 소태산의 연이은 법문에 제자들은 각자의 눈 가래를 잡고서, 안다는 눈도 모른다는 눈도 쌓이지 않는 자리를 바라보고 있었다. 각자의 마음에 분별의 눈, 집착의 눈, 망상의 눈, 잡념의 눈이 쌓여있는 모습을 직시하였다. 눈 가래로 분별 망상의 눈을 치우고 현묘한 자리에 들어섰던 것이다.

봉래정사에 쌓인 눈은 이제 전에 보던 눈이 아니었다. 천왕봉 자락에 쌓인 눈이 햇살에 너욱 빛났나.

코멘터리Commentary

『대종경』 성리품 18장의 '십삼세 각十三歲覺' 이야기를 보면 소태산은 학명 선사가 언제 봉래정사에 올지 알고 있는 상황이다. 그러기에 전날에 미리 이청풍에게 어찌어찌 하라 일러두었던 것이다. 여기서 살펴볼 것은 봉래정사라는 장소 설정이다. 봉래정사는 석두암의 다른 표현이며 또는 실상초당과 석두암을 총칭하는 말이기도 하다. 이청풍은 실상초당에서 방아를 찧었을 것이기에 방으로 따라 들어간 장소는 소태산의 주석처인 석두암일 것이다. 절굿대를 들고 거북바위로 난 산 비탈길을 따라 상당한 거리를 뒤따라 간 것이다.

석두암에는 학명이 그린 달마도가 걸려있었다. 고로 『대종경』 성리품 14장의 현장도 석두암인 것이다. 또한 성리품 13장에는 법문 소재로 눈[雪]이 등장한다. 인과품 9장, 천도품 22장에도 눈이 등장하나 여기서는 법문의 부수적 소재로 사용됐지만 성리품 13장에서는 직접적 사건의 소재로 사용되고 있다.

또한 『대종경』 성리품 13장의 "흰 눈이 뜰에 가득한데 대종사 나가시사 친히 도량의 눈을 치시니 한 제자 급히 나가 눈가래를 잡으며 대종사께 방으로 들어가시기를 청하매 ….”의 한 제자는 송적벽이었다.

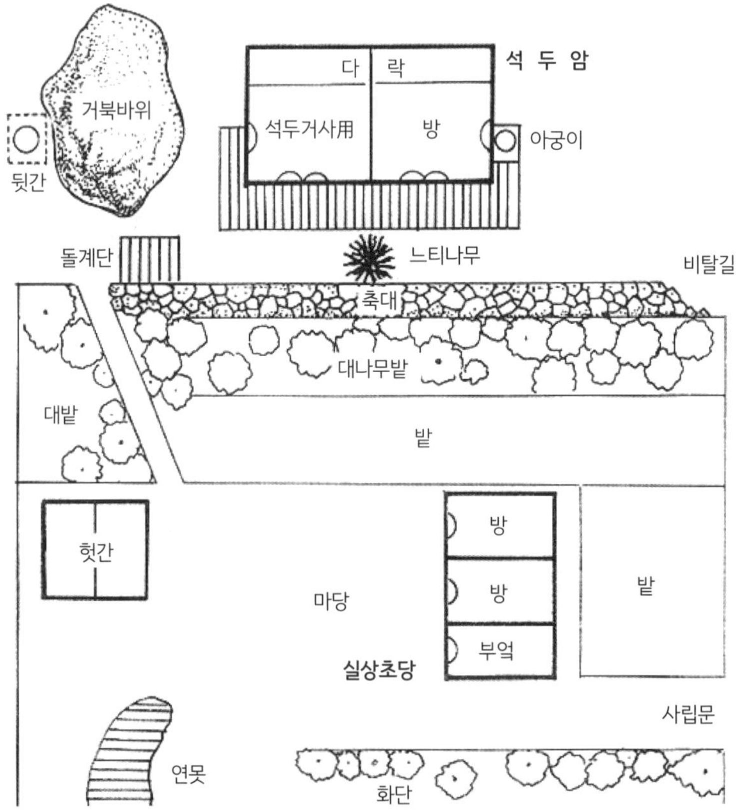

봉래정사 배치도

하산과 회상 공개

산까치가 석두암 위를 날며 울어댔다. 석두 거사 소태산은 마루에 나와 도학골을 바라보았다.

"오늘 반가운 손님이 오려나?"

송도성이 뜰 앞을 쓸다가 소태산에게 다가왔다.

"어찌 그리 기분이 좋으십니까?"

"때가 무르익은 듯하다."

"무슨 때가 되었다는 것인가요?"

"두고 보면 알 것이다."

변산에 입산한 지 4년째. 원기8년(1923) 음력 6월 초하룻날.

장적조가 인도했던 서동풍이 동생 서중안을 대동하고 석두암을 찾아왔다. 원평 사람 최초로 소태산의 제자로 입문한 사람은 송적벽으로, 그는 경상도 성주 출신 송규가 처음 전라도에 와서 구도편력할 때 도꾼들을 안내해준 사람이었다.

송규의 연원으로 입문한 송적벽은 전주 사람 김남천, 문정규, 박호장 등을 인도하였고, 또한 원평 사람 구남수, 장정수, 이만갑 등을 인도하였다. 송적벽에 의해 구남수가 구남수에 의해 이만갑이, 이만갑에 의해 장적조가, 장적조에 의해 서동풍이, 서동풍에 의해 그의 동생 서중안이 인도되었다.

장적조의 처음 법명은 장풍으로 서동풍은 장풍이 인도하였기에 풍風 자 돌림으로 동풍이라 한 것이다. 바람을 일으킨 것이다. 그것도 훈훈한 동남풍을 불린 것이다.

서동풍이 동생 서상인과 함께 거북바위가 있는 비탈길을 따라 석두암에 올라왔다.

서중안

"어서 오시오. 오늘 산까치가 그렇게도 울더니 귀한 분들이 올 것을 미리 알려주었나 봅니다."

소태산이 반가이 맞이하였다.

"예, 이쪽은 제 동생으로 약방을 운영하고 있습니다."

"형님은 원평에서 약방을 하지요. 동생분은 어디서 약방을 하십니까?"

"예, 저는 김제에서 인화당약방을 운영하고 있습니다."

석두 거사는 예사 인연이 아님을 느끼고 이곳을 찾게 된 이유를 물었다.

“무슨 뜻이 있어 이 같은 험로를 불구하고 찾아왔소?”

서동풍의 동생이 답했다.

“선생의 도덕이 높으시다는 말을 듣고 도덕을 배워서 도력이 높은 사람이 되고자 왔나이다.”

석두 거사는 진지한 표정으로 되물었다.

“이 세상인심이 거의 다 신기 묘술을 원하거늘 그대는 다행히 도덕을 말하니 나와 장구한 인연이 되겠소.”

형제는 침묵으로 소태산을 응대하였다.

“형제분이 이미 의공醫功으로 이름이 있다 하니 나의 도덕을 진실하게 공부하여 만 생령의 마음병까지 고치는 양의良醫가 되어 보겠소.”

이 말에 서동풍 형제의 눈이 번쩍 커졌다.

“그러기로 하면 나의 지도를 잘 따라야 할 것이고 어떠한 괴로움이 있다 하여도 항거하거나 계교하지 말아야 할 것이오.”

서동풍 동생의 눈에서 희망이 번쩍거렸다.

“법명을 주겠소. 가운데 중中, 편안할 안安, 중안이라 합시다.”

석두 거사 소태산은 중안이라 쓴 법명을 내밀었다.

“새 사람이 되라는 것이니 유념하소. 중안이라, 늘 천천히 하는 가운데 안정을 주로 하는 공부를 해야 합니다.”

석두 거사 소태산은 서중안의 과단성을 보고 모든 일을 안정된 바탕 위에서 운영하도록 그의 기틀에 걸맞은 법명을 준 것이다.

서동풍·서중안 형제는 석두암에서 하루를 묵고 다음날을 맞았다. 이날도 산까치가 석두암을 가로질러 울어댔다. 서중안은 석두 거사를 맞아 아뢰었다.

"스승님을 뵈니 돌아가신 부모님을 다시 뵙는 듯합니다. 영부靈父님으로 모시고자 합니다."

"지보다 아홉 살이나 더 자신 어른이 그러실 수 있소?"

"아닙니다. 제 육신의 나이는 더 하지만 영의 나이는 너무도 적습니다. 사부님의 영구법자永久法子이고자 합니다."

머리가 희끗희끗한 42세의 중년 서중안은 9살 연하인 33세의 청년 석두 거사에게 부자지의父子之義를 청한 것이다.

"그렇다면 오늘의 맹세에 변함이 없어야 하오."

서중안의 눈빛에 기쁨이 넘쳐흘렀다.

서중안은 송규, 송도성, 전음광, 이춘풍에 이어 다섯 번째로 소태산과 부자父子의 결의를 맺었으며, 이춘풍 다음의 연상으로 사부師父 결의를 한 것이다.

서동풍과 함께 봉래정사 석두암을 찾아 소태산의 제자가 된 서중안은 사흘 만에 김제 인화당약방으로 돌아와서 부인에게 생불님이신 석두 거사에 대해 말하니 부인도 뵙고 싶어 하였다.

이렇게 석두 거사 소태산과 사제지의를 맺은 지 한 달이 못

된 음력 6월 25일, 서중안은 부인을 대동하고 석두암을 다시 찾았다.

김세에서 변산으로 오는 노중 줄포의 종곡 이춘풍 가家에서 점심 대접을 받고 이춘풍과 동행하여 실상초당에 들어서니 어두컴컴한 늦은 저녁이 되었다. 그리하여 남자들은 석두암에 올라갔고 정세월은 김혜월 모녀가 관리하는 실상초당에서 일숙하게 되었다.

이튿날 아침이 밝아왔다. 김혜월이 말했다.

"날 따라서 오시오."

묵었던 초당에서 산비탈을 따라 오르는 길로 안내하였다.

"대나무를 잡고 올라오시오. 스승님은 저 위 초당에 계십니다."

김혜월의 뒤를 따라서 서중안의 처는 비탈길을 올랐다. 실상초당에서 비탈길 따라 오르니 비탈 위에 초당이 나왔다. 초당에서 건장한 체구에 정자관을 쓰고 검은 턱수염을 기른 안광이 형형한 30대 초반의 인물이 기다렸다는 듯이 마루에서 벌떡 일어나 반겼다.

"내 어제 영광을 가려고 했는데, 어찌나 좋은 기운이 뜨든지 반가운 손님이 올까 하여 이렇게 가지 않고 기다리고 있었소."

소태산은 마루 한구석의 봇짐을 가리키며 말하였다.

"내가 이렇게 보따리까지 싸놓고도 안 가고 기다린 보람이 있구려. 먼 길을 오느라 다리는 안 아프오?"

그녀는 반갑게 맞이해 주는 소태산의 기운에 마음이 훈훈해졌고 마치 친정 부모를 만난 듯 그렇게 좋을 수가 없었다.

그녀에게 석두 거사는 생불님으로 보였고 사람의 기운을 북돋아 주는 능력이 있는 것 같았다.

이춘풍이 나섰다.

"그렇게 마당에 서 계실 것이 아니라 방에 드시지요."

방에 들어 자리에 앉자 소태산은 다시 물었다.

"남편에게 어떤 말을 들었기에 이 험로를 따라서 왔소?"

"선생님의 높으신 도덕을 듣고자 뵈러 왔습니다."

"허허, 부창부수夫唱婦隨라더니 전에 중안이가 물었던 질문을 똑같이 하네."

방에 함께 있던 이춘풍과 서중안도 껄껄 웃었다.

"이제 나를 보았으니 무슨 원하는 것은 없는가?"

"저는 항상 근심 걱정이 많아 갈팡질팡하여 마음 바로잡기가 원입니다."

"내 마음 바로잡는 방법을 알려줄 것이니 잘 듣게나."

그녀는 또랑또랑 눈을 떴다.

"먼저 마음의 근본을 깨치고 그 쓰는 곳에 편벽됨이 없게 사용해야 하네."

"마음의 근본은 어떻게 깨닫고 어떻게 사용합니까?"

"그 까닭을 알고자 하거든 성리 공부를 해야 하네."

석두 거사 소태산은 뜰 앞의 느티나무를 가리키며 물었다.

"저 나무는 산 나무인가 죽은 나무인가?"

"잎이 무성하니 살아있죠."

"언제 죽는가?"

"시월 당하면 이파리가 다 떨어져 죽은 것 같이 보이죠."

"그렇다면 죽든 안 했구먼."

"그렇죠. 밑동은 살아남았겠죠."

"그러면 사람이 죽으면 어떻게 되는가. 다시 안 생기는가?"

"사람도 죽었다가 다시 때를 만나면 생겨나겠죠."

그녀는 소태산의 질문에 생각나는 대로 대답했다. 마치 소태산이 그녀를 통해 질문을 끄집어내는 듯했다.

"허허, 안사람이 중안이 보다 낫네."

석두 거사 소태산은 또 물었다.

"일만 법이 하나로 돌아가는 것을 아는가?"

"제가 어찌 그런 것을 알겠습니까?"

"그러면 그놈을 꼭 잡고 생각해 보시오. 뜰 앞의 나무가 겨울 되면 잎이 떨어져 죽은 것 같지만 밑동이 살아 있기에 봄이 되면 다시 살아나듯, 사람도 죽었다 낳는다 하지만 항상 살아있는 밑동이 있는 것이네."

석두 거사 소태산은 '만법귀일 일귀하처萬法歸一一歸何處'의 의두를 써주며 말씀하셨다.

"키는 조그마하지만 영靈은 크구려. 내가 장차 큰 회상을 열어 고해 창생을 제도하려 하니 그대도 새 회상의 큰 주인이 되기 바라네. 그대에게 '세월世月'이란 법명을 주겠으니 인간 세상을 밝게 비춰주는 달 같은 밝은 인물이 되시오."

옆에 앉아 조용히 문답을 듣고 있던 서중안은 마음속으로 크게 다짐했다.

'이렇게 성리를 떡 주무르듯 하시는 사부님의 웅대한 포부와 호대한 법을 이 산중에만 머물러 있게 해서는 안 되겠다. 천하 사람의 앞길을 다 열 수 있도록 대처大處로 모시고 나가야겠다.'

서중안은 작심하고서 소태산을 향해 말했다.

"스승님 간청이 있습니다."

"무슨 청인가?"

"오늘은 스승님의 하산을 간청하기 위해 왔습니다. 이제 하산하여 공개적으로 회상을 열어 주십시오."

소태산은 침묵으로 응했다.

"스승님, 이곳은 도로가 험난하고 공간이 협착하니 교통이 편하고 장소가 광활한 곳을 택하여 도량을 정하시고 여러 사람의 앞길을 널리 인도하심이 시대의 급선무일까 하나이다."

소태산은 때가 무르익었음을 짐작하고 중안의 심중을 은근히 떠보았다.

"내가 세상에 나서는 것은 어렵지 아니하나 의원께서 이 일을 능히 감당하겠소?"

"소자 비록 물질이 많지 않고 정성이 부족하나 능히 담당하겠나이다."

석두 거사 소태산은 서중안을 바라보며 말했다.

"내 자네의 청을 허락하니 이제 회상 창립에 만전을 기해 주게."

서중안의 간곡한 하산 요청에 소태산은 응답하신 것이다. 이에 소태산은 서중안과 회상을 열 만반의 계획을 상의하였고 또한 준비시켰다.

석두암 하산길

산까치가 석두암 위를 날며 기쁜 소식을 전하는 양 울어댔다. 이제 소태산은 변산에서 제법制法한 교법으로 법을 굴리는 전법轉法의 길로 나선 것이다.

서중안, 정세월 부부가 오른 거북바위 석두암 길은 회상 창립의 요청길이요, 또한 석두 거사 소태산이 회상 창립을 위해 내려오신 전법의 하산길인 것이다. 석두암 길을 나서는 서중안의 발길은 앞으로 펼쳐질 희망으로 가득했다.

김제 일대에서 서중안의 인화당약방과 건재상은 모르는 사람이 없을 정도였다. 약방은 번창하여 직원이 50여 명에 이르렀으며 지역사회에 명망이 높았다. 서중안은 추상같은 결단력과 기관차 같은 추진력을 가진 인물로, 정신과 육신뿐만 아니라 자신의 정재를 새 회상 건설에 희사한 회상 건설의 후원자였다.

원기9년(1924) 6월 1일 불법연구회 창립총회에서 소태산은 총재에, 서중안은 회장에 선임되었고, 그해 가을 전북 익산군 북일면 신룡리 344-2번지에 총부 기지를 확정한다.

서중안은 당시 3천여 평의 기지 대금과 건축비 6백여 원을 의연하는데 이것이 총부 건설의 토대가 되었다. 이처럼 소태산에게 서중안은 공자에게 자공 같은 인물이었다.

코멘터리Commentary

소태산 대종사, 변산 봉래정사에서 하산 이후 원기9년(1924) 1월경 내장산에서 나오실 때 삭발하신다. 이때 입으신 두루마기는 최도화가 마련한 옥양목으로 권동화가 지어 올린 것이다. 이 모습에 검은 턱수염을 기르고 상투 머리에 정자관을 쓰신 모습을 떠올리면 변산 시절의 모습일 것이다.

소태산의 삭발은 새로운 시대에 새로운 인간으로 새로운 삶을 개척하기 위한 개벽의 삭발이요 작은 집에서 공변된 큰 집으로 출가하는 전무출신으로서의 삭발이다.

소태산 최초의 사진

※원기4년 법인 성사를 마치고 대종사는 김제 금산사에서 몇 개월 휴양하시게 되었다. 금산사는 당시 일제의 입장에서는 사교의 집합체였다. 그것은 강증산 선생이 열반 시에 "내가 죽으면 금산사 육장불에 의지하여 미륵불로 출세하리라"는 예언 때문이었다. 소태산은 이곳에서 짚신을 삼으면서 수양에 전념하시던 중 강증산 교인들 몇 사람과 친분을 맺으니 이들이 곧 김제 인연들이었다. 훗날 서중안에 의해 익산 총부의 대지를 마련하게 된 기연이 여기서 이루어지게 된 것이다. 〈『대종경 선외록』 교단수난장 3절〉

변산을 찾은 뜻을 알겠는가?

봉래정사의 아침은 상쾌하였다. 송규는 석두암 뜰을 쓸고 있었다.

"정산, 오늘은 월명암에 다녀오자."

"예, 알겠습니다. 오랜만에 학명 스님을 뵐 수 있겠습니다."

"학명 스님이 내장사 주지로 가신다는 말도 있고 하니 인사차 가자."

아침 식사를 마친 송규는 월명암에 갈 채비를 하였다. 소태산은 실상사를 지나 봉래곡에 들어 월명암에 오르는 길에서 말씀하셨다.

"방언 마치고 봄이 완연했을 때 사산 오창건과 서해 연안을 도보로 돌아 심원에서 배를 타고 곰소로 넘어와 이 길을 올랐다. 내소사 초입의 원암마을을 거쳐 재백이 고개를 넘어 직소폭포와 분옥담 계곡을 지나 봉래곡 삼거리에서 능선을 따라 월명암에 올랐던 때가 어제 같구나."

"저도 법인기도 마치고 스승님께서 월명암에 보내실 때 이 길을 따라 올랐습니다."

변산구곡은 제1곡 대소폭포, 제2곡 직소폭포, 제3곡 분옥담, 제4곡 선녀탕, 제5곡 봉래곡, 제6곡 금강소, 제7곡 영지, 제8곡 백천, 제9곡 암지로 이어지는 수려한 물길로 해창 바다로 흘러갔다. 이중 제5곡 봉래곡은 구곡의 중간이며 대표적이라 봉래구곡이라고도 불리었다.

봉래곡에서 능선을 따라 오르다 보니 어느덧 저 멀리 월명암이 보였다.

"정산, 내가 왜 휴양처로 변산을 택했는지 생각해 봤나?"

"전에 스승님께서 구간도실에서 웃녘 변산 쪽을 바라보니 맑은 기운이 하늘에 어리어 있었는데 이 기운을 따라 가보니 월명암이었다 하셨습니다. 이 도량에서 학명 스님과 수선대중이 선禪 정진 중이었기에 맑은 기운이 어려 있었다고 하셨지요."

"수선대중이 선을 나는데 특히 학명 스님이 맑은 기운의 주인공이었다."

"학명 스님의 선禪은 특별합니까?"

"스님의 선은 반농반선半農半禪의 선농일치禪農一致의 선이라 특별하지. 이 선풍은 비교될 수 없는 선풍이 될 것이다. 아마 내장사로 가시는 것도 이일을 하시기 위한 것이리라."

"스승님께서 방언공사하시면서 동과 정을 골라 맞추어 공부와 사업을 병행하자는 이사병행理事竝行 영육쌍전靈肉雙全의 정신과 상통하는 선이네요."

"사실 반농반선은 전농전선全農全禪인 게야. 선禪하는 마음으로 온전하게 농사짓는 것이 바로 선농일치의 선인 것이다. 일속에 공부가 있고 공부심으로 일하는 것이다."

"그렇다면 영육쌍전도 수도修道 반절 생활生活 반절이 아니라 수도와 생활이 둘이 아니게 하라는 뜻이네요."

"온전한 자리로 수도와 생활에 간격 없게 하라는 것이다. 이래야 산 종교가 된다."

소태산과 송규는 도담道談을 나누다보니 어느덧 월명암에 다다랐다. 송규가 학명 스님을 찾았다.

"명안明眼입니다. 석두 거사와 함께 왔습니다."

송규는 학명이 주신 명안이란 불명으로 학명을 대하였다. 학명은 반가운 얼굴로 법당 방으로 나오셨다. 법당 방과 주지 방은 서로 이어져 있었다.

"어서 오시게. 안 그래도 오늘내일 석두암에 내려갈까 했는데 이심전심이오."

소태산은 학명 스님과 인사를 나누고 내실로 따라 들었다.

"노승이 줄 것은 차 한잔뿐이외다."

"학명 스님께서 내장사로 가신다는 소문이 실상동에 파다합니다."

백학명 선사

"저번 때 만해 스님이 근처에 왔지 않는가? 그때 간곡히 큰 절을 맡아달라는 부탁도 있었고. 불교혁신의 일에 협력도 해야 할 것 같고 해서 월명암을 떠나야 할 듯하오. 사실 일생을 월명암에서 은둔 수행하려 했는데 떠나려 하니 좀 아쉽기도 하오."

"그곳에서 평소에 주장하신 반농반선, 선농일치를 실현해 보는 것도 좋을 듯합니다."

석두 거사의 따스한 동조同調에 학명은 마음이 든든해졌다.

"그런데 석두 거사도 하산한다는 말이 있던데 어떤 상황이오."

"저도 회상을 여는데 합심해 줄 인연을 만났습니다. 이제 때가 되었으니 하산하여 법을 펼까 합니다."

"그렇다면 나와 내장산에서 함께 합시다. 서로 하고자 하는 일을 할 수 있을 것이오."

"절집 일은 사부대중이 상의해야 하는 줄 알고 있습니다. 그 뜻은 고맙게 받겠으나 상황을 보셨으면 합니다."

"알겠소이다. 어찌 되었든 불교 혁신에 합력해 봅시다."

학명은 진정으로 중생제도를 함께 해보자는 의지가 확고하였다.

소태산은 학명 스님 방에서 나서며 송규에게 말했다.

"학명 스님의 권유를 매몰차게 뿌리칠 수는 없으니 협조할 것은 협조하되 절집 일이 그렇게 되기는 어려울 것이다. 우리 일은 계획했던 대로 추진해가야 할 것이다. 회상 공개의 일은 차근차근 진행해 가자."

소태산은 발걸음을 월명암 주변으로 옮기었다.

"정산, 내가 월명암을 찾은 이유는 부설浮雪 거사와도 관련이 있다. 앞으로는 출세간이 아니라 세간이 중요하다. 생활이 불법이 되고 불법이 생활이 되어야 한다. 그 옛날 이를 실행한 수행자가 바로 부설 거사이다."

정산은 문득 떠오른 대로 말했다.

"묘적암은 부설 거사의 수행도량입니다. 부설 거사는 인도의 유마 거사, 중국의 방 거사와 함께 3대 거사로 존경받고 있습니다."

"이곳에 부설전浮雪傳이 있지. 학명 스님 상좌 시절 부설 거사에 대하여 들은 이야기 있으면 말해봐라."

정산 송규는 천천히 말문을 펼치었다.

"부설 거사는 본시 경주 사람으로 일찍이 불국사 원정圓淨 선사[또는 圓浮 선사]에게 출가하여 부설이라는 불명을 받았고 자는 의

상宜祥이었다 합니다. 이후 불국사를 떠나 영희·영조 두 도반과 지리산에서 10여 년간 참선 공부를 마치고 이곳 변산 법왕봉 8부 능선에 묘적암 초가를 짓고 10년간 수도에 힘썼다고 합니다."

소태산은 불현듯 끼어들었다.

"변산 의상봉은 부설 거사의 자를 인연한 듯하다."

"부설 거사를 기념하여 붙인 이름일 수도 있겠습니다."

"공연히 내가 끼어들었구나. 하던 이야기 계속해라."

송규는 부설의 사리 부도를 향해 걸으면서 말을 이어갔다.

"이후 세 사람은 문수보살의 도량인 오대산으로 참배하고자 가는 길에 날이 저물어 만경 백련지 구무원 집[김제시 성덕면 성덕리 고현 마을]에 묵게 되었는데 구씨의 18세[또는 20세] 벙어리 딸 묘화가 부설의 법문을 듣고 말문이 터지게 됩니다. 묘화는 부설 스님과 삼세의 인연이라 여겨 죽기를 각오하고 부부의 결연을 원하니, 부설은 죽음을 각오한 묘화의 간절함에 생명을 중히 여겨 부부의 연을 승낙하고, 동행했던 영희·영조 두 도반에게 이별의 시를 주며 양해를 구합니다."

송규는 부설 거사의 '이별 시'를 읊었다.

"도라는 것은 승려의 검은 옷과 속인의 하얀 옷에 있지 아니하며, 도라는 것은 번화로움과 조용한 초야에 있는 것도 아니다. 부처님의 모든 뜻은 중생을 이롭게 제도하는 데에 있으니 우리 도반들은 길이 참구하여 법유法乳를 배불리 먹고 와서 이 사람을 경책하소."

소태산은 이야기를 듣다가 송규에게 말했다.

"부설 거사 부도 탑에 이르렀으니 참배부터 하자."

월명암 부설 거사 부도

참배를 마치자 이야기는 계속되었다.

"부설은 두 도반을 떠나보내고 10년을 재가 수도하며 등운, 월명 남매를 낳게 되었고, 이후 부설은 두 자녀를 부인 묘화에게 맡기고 병이 깊다는 이유를 대고 토굴을 짓고 수도에 전념하여 5년 만에 깨치게 됩니다."

"그로부터 오대산에서 수도를 마친 두 스님이 하산하여 옛 벗 부설 거사를 찾아 법력을 겨루게 되는데, 이때 부설은 3개의 병에 물을 담아 들보 위에 매달아 놓고 각기 병 하나씩을 막대기로 치게 하니, 영희, 영조 두 도반이 친 병은 깨어져 물이 흘러 내렸으나 부설이 친 병은 깨졌으나 물은 흐르지 않고 그대로 들보에 매달려 있었다고 합니다."

"부설은 두 친구에게 말합니다. '영광독로靈光獨露 형탈근진迥脫根塵 체로진상體露眞常 불구생멸不拘生滅 환신수생멸환류자幻身隨生滅還流者 사병지파쇄似瓶之破碎 진성본영명상주자眞性本靈明常住者 여수지현공如水之懸空.' 신령스러운 빛은 홀로 드러나 멀리 육근과

티끌 경계를 벗어버리고 본체의 진상이 드러나 생멸에 매이지 아니한다. 환신은 생멸을 따라 흐르는 것이므로 저 병의 깨어짐과 같으나, 신성은 본시 영명하여 상주함이 저 물이 허공에 매달려 있는 것과 같으니라."

"이어서 게송을 읊습니다. '목무소견무분별目無所見無分別 이불청성절시비耳不聽聲絕是非 분별시비도방하分別是非都放下 단간심불자귀의但看心佛自歸依.' 눈으로 보되 보이는 바에 매일 것이 없으니 분별이 없고, 귀로 듣되 들리는 소리에 붙들릴 것이 없으니 시비가 끊어졌어라. 분별 시비 다 놓아 버리고, 다만 심불心佛을 직견하여 스스로 그 자리에 귀의하라."

"부설 거사는 이 게송을 읊으며 선악仙樂이 울리는 가운데 입적하였다 합니다. 이에 영희·영조 두 도반은 부설 거사를 정성스럽게 다비한 후 사리를 거두어 옛적에 함께 수행했던 이곳 봉래산 법왕봉 묘적암 남쪽 기슭에 부도를 세웠으며, 부설의 두 남매 등운과 월명은 부친의 옛 수도처인 묘적암 옆에 자신들의 이름을 딴 등운암과 월명암을 짓고 수도정진하여 도를 이루었다 합니다."

이야기를 듣고 있던 소태산은 송규에게 말했다.

"허공에 물을 매달아 놓는 경지가 되어야 한다. 이는 가정을 이루고 그 경계 속에 살아도 성품의 참모습이 항상 역력히 유지되었다는 뜻이다. 병에 충격이 가해져서 깨어져도 물이 허공에 달려 있는 것은 어떠한 순역경계의 충격을 당해도 참된 성품을 놓치지 않고 두렷이 드러내는 경지이다. 부설은 경계 속에서 성품을 잃지 않은 도인이었다."

송규가 말을 받았다.

"부설의 게송처럼 분별 시비의 온갖 경계를 내려놓고 다만 지금 역력히 드러나 있는 본래 마음을 돌이켜 보아서 이 자리에 귀의하라는 것입니다. 보아도 보는 경계에 걸릴 것이 없으므로 분별이 없고, 들어도 듣는 경계에 끄달릴 것이 없으므로 시비가 끊어진 자리입니다."

"부설 거사는 생활 속에서 경계 속에서 도를 깨달아 도로써 살아간 사람이다."

"스승님께서 부설 거사를 중시하신 것은 재가 수행의 모범이기 때문이며, 이러한 이유로 월명암을 찾으신 것입니다."

"과거 불교는 출세간 생활을 본위로 하여 교리와 제도가 조직되었으므로, 세간 생활하는 사람에게는 모든 것이 잘 맞지 아니하였다. 또한 세간 생활하는 신자는 주가 되지 못하고 객과 같이 되었으므로 보통 신자는 출세간 공부하는 승려와 같이 부처님의 직통 제자나 불가의 조상으로 들어가기가 어려웠다."

"앞으로는 어떻게 해야 합니까?"

"우리는 재가와 출가에 대하여 주객의 차별이 없이 공부와 사업의 등위만 따를 것이며, 불제자의 계통에 있어서도 재가 출가의 차별이 없이 할 것이며, 출가 공부인의 의식 생활도 각자의 처지를 따라 직업을 갖게 할 것이며, 또는 결혼도 각자의 원에 맡길 것이니라."

"스승님께서 사은사요 삼강령 팔조목의 교강을 발표하신 후 '조선불교혁신론'을 초안하여 미래의 불법을 제시해 주셨고 '수양연구요론'을 초안을 하여 수행법을 밝혀 주시며 이 법대로 하면 된다고 하셨습니다."

부설과 두 자녀 등운과 월명이 수행했을 주변 도량을 둘러보았다.

"우리는 월명암에 깃들어 있는 부설 거사의 행적이며 학명 선사의 선풍까지도 다 통합 활용하여, 앞으로 열 회상 창립에 이런 점들을 유의해야 할 것이다."

소태산은 구름이 산 너머 산으로 흘러가는 광활한 월명무애月明無碍의 풍광을 응시하였고, 송규는 소태산의 포부와 당부를 가슴 깊이 새기었다.

정산 종사 사진첩 속의 〈월명암〉

코멘터리Commentary

정산 종사 사진첩 속의 월명암은 6·25 때 소실된 건물 초석에 다시 지은 것으로, 법당채와 요사채가 있다. 원기4년(1919) 말에서 원기5년 초 당시, 소태산 대종사와 정산 종사가 기거한 월명암은 현재의 대웅전과 관음전 아래로 즉 지금의 대웅전 마당 자리에 있었고, 왼쪽의 건물이 당시의 요사채가 있었던 자리이다. 소태산 대종사는 월명암 오른쪽 방 주지 방에 임시 기거[학명 선사는 소태산에게 주지 방을 내주고 법당에 기거]하였고, 정산 종사는 왼편 요사채에서 사미승들과 기거하였다고 전한다.

부설의 일가족인 부설, 묘화, 등운, 월명은 모두 성불하였다 하여 사성四聖이라 하며, 소태산은 이들 4가족을 여래라 칭하였다. 현재 사성四聖을 기념하고 있는 사성선원은 소태산 변산 입산 당시 선방으로 사용했던 2칸 장방이 있던 곳이다. 〈서문 성 교무 발굴자료〉

월명암 사성선원

소태산, 변산 기연機緣 법문

1

만법귀일萬法歸一의 소식

대종사, 봉래정사에 계실 때 때마침 큰 비가 와서 층암절벽 위에서 떨어지는 폭포와 사방 산골에서 흐르는 물이 줄기차게 내리는지라, 한참 동안 그 광경을 보고 계시다가 이윽고 말씀하시기를 "저 여러 골짜기에서 흐르는 물이 지금은 그 갈래가 비록 다르나 마침내 한곳으로 모아지리니 만법귀일萬法歸一의 소식도 또한 이와 같으니라."

〈『대종경』 성리품 10장〉

◎ 선생이 봉래정사에 계실 때에 마침 대우大雨가 와서 사방산곡에 내려오던 물과 층암 절벽상에서 떨어지는 폭포를 구경하시다가, 홀연히 가라사대, "저 여러 골짜기의 흐르는 물이 각각 유조流派는 다르나 반드시 한곳으로 도회都會하리라."하시더라.

〈송도성 수필, 대종사 법설집 2〉

2

변산구곡로邊山九曲路 석립청수성石立聽水聲

대종사, 봉래정사에서 제자들에게 글 한 수를 써 주시되 "변산구곡로邊山九曲路에 석립청수성石立聽水聲이라 무무역무무無無亦無無요 비비역비비非非亦非非라." 하시고 "이 뜻을 알면 곧 도를 깨닫는 사람이라." 하시니라. 〈『대종경』 성리품 11장〉

◎ 한때에 종사주 봉래정사에 계시사 모든 학도들에게 일러 가라사대 "내 전일 한 생각을 얻은 후 모든 문자를 많이 기록해 놓았다가 여러 가지 사정으로 소화消火한 후 그것이 본시 나의 정신에서 나온 것임으로 나의 생전에는 다시 저술하기가 용이할 줄 알았더니 이제는 여러 가지 사무에 끌리는 관계인지 혹 상기上氣도 되고 정신이 혼미해지니 한이로다." 하시고 글 두 구를 써 주시며 가라사대 "이 뜻을 알면 곧 도를 깨닫는 자이니라." 하시더라.

변산구곡로邊山九曲路에 석립청수성石立聽水聲이라,
무무역무무無無亦無無요 비비역비비非非亦非非로다.
(해解) 변산 아홉 구비 길에 돌이 서서 물소리를 듣더라.
없고 없다 하는 것도 또한 없고 없으며 아니고 아니라 하는 것도

또한 아니고 아니로다. 〈회보 제31호〉

3

바닷물과 고기 수를 낱낱이 되어 보고 헤아려 보았노라

대종사, 영산으로부터 봉래정사에 돌아오사 한 제자에게 말씀하시기를 "내가 영산에서 윤선輪船으로 이곳에 올 때 바닷물을 보니 깊고 넓은지라, 그 물을 낱낱이 되어 보았으며 고기 수도 낱낱이 헤아려 보았나니, 그대도 혹 그 수를 알겠는가?" 하신데, 그 사람이 말씀의 뜻을 짐작하지 못하니라. 〈『대종경』 성리품 12장〉

◎ 한때에 종사주 한 학도學徒를 대하사 일러 가라사대 "내가 영산에서 이 봉래산을 윤선輪船으로 올 때에 그 해수海水를 보니 깊고 넓은지라 그 물을 낱낱이 말[斗]로 되어 보았으며 고기 수도 낱낱이 헤어 보았나니, 그대도 혹 그 수를 알겠는가?"하신대 그 사람 그 어의語意를 알지 못하더라. 〈회보 제31호〉

4

눈 치우기와 현묘한 자리

급히 나가 눈가래를 잡은 한 제자는 송적벽이다.

대종사, 봉래정사에서 제자들에게 말씀하시기를 "옛날 어느 학인學人이 그 스승에게 도를 물었더니 스승이 말하되 '너에게 가르쳐 주어도 도에는 어긋나고, 가르쳐 주지 아니하여도 도에는 어긋나니, 이를 어찌하여야 좋을꼬?' 하였다 하니, 그대들은 그 뜻을 알겠는가?" 좌중이 묵묵하여 답이 없거늘, 때마침 겨울이라 흰 눈이 뜰에 가득한데 대종사 나가시사 친히 도량道場의 눈을 치시니, 한 제자가 급히 나가 눈가래를 잡으며 방으로 들어가시기를 청하매, 대종사 말씀하시기를 "내가 방금 눈을 친 것은 눈만 치기 위함이 아니라 그대들에게 현묘한 자리를 가르침이었노라." 〈『대종경』 성리품 13장〉

◎ 한때에 종사주 모든 학도에게 일러 가라사대 "옛적에 어느 제자가 그 스승에게 물으되 '도가 무엇입니까' 하니 그 스승이 답왈 '너에게 도를 가르쳐 주어도 도에는 어긋났으며 도를 가르치지 아니하여도 도에는 어긋났으니 그 무엇이라 하여야 좋을

까' 하였나니 제군은 이 뜻을 알겠는가? 알거든 대답하라." 하신 대 좌중이 묵연하여 대답을 올리지 못하더라. 때는 마침 동절冬節이라 백실白雪이 만건곤滿乾坤하였는지라 종사주 나가시사 친히 도량을 쓸으시니 한 제자 급히 나와 눈가래를 잡아 쓸며 종사주에게 방으로 들어가시기를 청한대 종사주 가라사대 "나의 눈 치는 것은 다만 눈만 치기 위함이 아니라 제군에게 무상의 현묘한 법을 가르쳤노라." 하시더라. 〈회보 제31호〉

◎ 어느 날에 선생이 모든 학도에게 일러 가라사대, "옛적에 어떠한 제자가 그 법法 스승에게 묻되 '도道가 무엇입니까?' 한즉, 법사 답하되 '너에게 도를 가르쳐 주어도 도에는 어긋났으며, 도를 가르치지 안 하여도 도에는 어긋났으니, 무엇이라고 하면 좋을까?' 하였으니, 제군은 그 뜻을 알겠느냐? 알면 대답하라." 하시니, 좌중이 묵연하여 아무도 대답하지 못하거늘, 때에 마침 동절冬節이라, 백설白雪이 만건곤滿乾坤하여 문밖에 설퇴雪堆를 쌓아 놓았는지라, 선생이 나가시사 친히 도량을 소제하시거늘, 송적벽이 황급히 나와서 눈가래를 잡아 자기가 대신하여 쓸며 선생님에게 방으로 들어가시기를 청하니, 선생이 가라사대, "나의 눈[雪]치는 것은 비단 눈만 치우는 것이 아니라 제군에게 알지 못한 법을 가르침이라." 하시더라. 〈송도성 수필, 대종사 법설집 2〉

5

동천에서 오는 기러기 남천으로 갑니다

대종사, 봉래정사에서 문정규에게 물으시기를 "벽에 걸린 저 달마 대사의 영상을 능히 걸릴 수 있겠는가?" 정규 사뢰기를 "능히 걸리겠나이다." 대종사 말씀하시기를 "그러면 한번 걸려 보라." 정규 곧 일어나 몸소 걸어가거늘, 대종사 말씀하시기를 "그것은 정규가 걷는 것이니, 어찌 달마의 화상을 걸렸다 하겠는가?" 정규 말하기를 "동천에서 오는 기러기 남천으로 갑니다." 하느니라. 〈『대종경』 성리품 14장〉

◎ 한때에 종사주 한 제자를 향하여 가라사대 "벽에 걸린 저 달마대사의 영상을 능히 걸닐 수 있겠느냐?"하신대 그 제자 답왈 "능히 걸리겠습니다." 종사주 가라사대 "그러면 한번 걸려보라." 하신대 그 제자 곧 일어나 몸소 걸어가거늘 종사주 가라사대 "그것은 네가 걸어간 것이니 어찌 달마의 화상을 걸렸다 하겠는가?" 그 제자 답왈 "동천東天에서 오는 기러기 남천南天으로 갑니다." 하더라. 〈회보 제31호〉

6

도가 그대의 묻는 데에 있느니라

대종사 봉래정사에 계실 때 선승禪僧 한 사람이 금강산으로부터 와서 뵈옵는지라, 물으시기를 "그대가 수고를 생각하지 아니하고 멀리서 찾아왔으니 무슨 구하는 바가 있는가?" 선승이 사뢰기를 "도를 듣고자 하나이다. 도가 있는 데를 일러 주옵소서." 대종사 말씀하시기를 "도가 그대의 묻는 데에 있느니라." 선승이 예배하고 물러가느니라. 〈『대종경』 성리품 15장〉

7

석두암을 떠나지 않고 중생제도를 마쳤나니라

선승 한 사람이 봉래정사에 와서 대종사께 여쭙기를 "여래如來는 도솔천兜率天을 여의지 아니하시고 몸이 이미 왕궁가에 내리셨으며, 어머니의 태중에서 중생제도하시기를 다 마치셨다 하였사오니 무슨 뜻이오니까?" 대종사 말씀하시기를 "그대가 실상사實相寺를 여의지 아니하고 몸이 석두암石頭庵에 있으며, 비록 석두암에 있으나 드디어 중생제도를 다 마쳤느니라."

〈『대종경』 성리품 16장〉

◎ 한때에 수좌 한 사람이 와서 종사주에게 고왈告曰 "여래는 도솔천을 여의지 아니하시고 몸이 왕궁가에 내렸다 하시며 비록 어미의 태중에 있으나 드디어 중생 제도하기를 다 마쳤다 하였으니 그 뜻을 알지 못하겠습니다." 한대 종사주 답하여 가라사대 "그대가 실상사를 여의지 아니하고 몸이 석두암에 있으며 비록 석두암에 있으나 드디어 중생 제도하기를 다 마쳤나니라." 하시더라. 〈회보 제31호〉

8

마음을 바로 잡는 방법

불법연구회 초대 회장인 추산 서중안의 인도로 석두 거사 소태산을 뵈러 온 한 사람은 서중안의 처 칠타원七陀圓 정세월鄭世月 이었고[박용덕, 『돌이 서서 물소리를 듣는다』, 256~267쪽]**, 또 한 사람은 만경 사람 정석창鄭錫昌이다.**

[『대종경』(13품, 필사본 초록抄錄) 기연품 4. 정석창의 기연]

소태산은 『대종경』 성리품 17장의 법문을 정세월 뿐만 아니라 정석창에게도 해주신 듯하다. 같은 법문을 인연 따라 각기 다른 상황에서 해 주신 것으로, 만경사람 정석창은 서중안이 17세때 만경 향교의 유사有司로 있었기에 이와 인연이 있거나 만경 출신 정세월과 관련이 있을 듯하다.

대종사, 봉래정사에 계실 때 한 사람이 서중안徐中安의 인도로 와서 뵈옵거늘, 대종사 물으시기를 "어떠한 말을 듣고 이러한 험로에 들어왔는가?" 그가 사뢰기를 "선생님의 높으신 도덕을 듣고 일차 뵈오러 왔나이다." 대종사 말씀하시기를 "나를 보았으니 무슨 원하는 것이 없는가?" 그가 사뢰기를 "저는 항상 진세塵世에 있어서 번뇌와 망상으로 잠시도 마음이 바로잡히지 못하오니 그 마음을 바로잡기가 원이옵니다." 대종사 말씀하시기를 "마음 바로잡는 방법은 먼저 마음의 근본을 깨치고 그 쓰는 곳에 편벽됨이 없게 하는 것이니 그 까닭을 알고자 하거든 이 의두疑頭를 연구해 보라." 하시고 '만법귀일萬法歸一하니 일귀하처一歸何處오.'라고 써 주시니라. 〈『대종경』 성리품 17장〉

9

십삼세각十三歲覺이라

대종사, 봉래정사에 계실 때 백학명白鶴鳴 선사가 내왕하며 간혹 격외格外의 설說로써 성리 이야기하기를 즐기는지라, 하루는 짐짓 동녀 이청풍李淸風에게 몇 말씀 일러두시고는, 다음 날 선사가 월명암月明庵에서 내려오자 맞으시며 말씀하시기를 "저 방아 찧고 있는 청풍이가 도가 익어 가는 것 같도다." 하시었다. 이에 선사가 곧 청풍의 앞으로 가서 큰 소리로 "발을 옮기지 말고 도를 일러오라." 하니, 청풍이 엄연히 서서 절굿공이를 공중에 쳐들고 있는지라, 선사가 말없이 방으로 들어오니 청풍이 그 뒤를 따라 들어오거늘, 선사 말하되 "저 벽에 걸린 달마를 걸릴 수 있겠느냐?" 청풍이 말하기를 "있습니다." 선사 말하기를 "걸려 보라." 청풍이 일어서서 서너 걸음 걸어가니 선사 무릎을 치며 13세 각覺이라고 허락하였다. 대종사 그 광경을 보시고 미소하시며 말씀하시기를 "견성하는 것이 말에 있지도 아니하고 없지도 아니하나, 앞으로는 그런 방식을 가지고는 견성 인가印可를 내리지 못하리라." 하시니라. 〈『대종경』 성리품 18장〉

10

고로석두가高露石頭家

하루는 학명 선사가 글 한 수를 지어 보내기를 "투천산절정透天山絕頂이여 귀해수성파歸海水成波로다. 불각회신로不覺回身路하여 석두의작가石頭倚作家로다."라 한지라, 대종사 화답하여 보내시기를 "절정천진수絕頂天眞秀요 대해천진파大海天眞波로다. 부각회신로復覺回身路하니 고로석두가高露石頭家로다."라 하시니라.

〈『대종경』 성리품 19장〉

◎ 한때 종사주 봉래정사에 계시사 무심한 백운白雲을 벗하시며 송풍나월에 대도를 수련하시더니 일일은 산승 백학명 선사가 와서 말하되 "선생 같으신 도덕으로 어찌 세상에 포양할 뜻을 두지 아니하시고 이 같은 심산궁곡에 처하사 수간모옥數間茅屋의 생활을 하시나이까"하고 가더니 돌아가서 아래와 같은 글 한 수를 지어 보내었더라.

투천산절정透天山絕頂이여 귀해수성파歸海水成波로다
불각회신로不覺回身路하야 석두의작가石頭倚作家로다.

(해解) 하늘을 뚫은 높은 산이여, 바다에 돌아가매, 물이 물결을 이루리로다. 몸 돌이킬 길을 깨닫지 못하여 돌 머리에 의지하여

집을 지었더라.[당시 종사주 소거정사所居精舍를 석두암石頭庵이라 칭하였으므로 석두의작가石頭倚作家 설說이 유有함.]

종사주 그 시를 답하시니 가라사대,

절정絕頂도 천진수天眞秀요 대해大海도 천진파天眞波로다

부각회신로復覺回身路하니 고로석두가高露石頭家로다.

(해解) 높은 산 이마도 천진으로 솟았고 큰 바다도 천진으로 일어나는 물결이니라. 다시 몸 돌이킬 길을 생각하니 높이 돌 머리 집이 드러났도다. 〈회보 제31호〉

◎ 대종사께서 실상사 부근에 수간의 초옥을 매수하사, 휴양의 처소를 삼으시니, 월명암과 거리가 10리 허許이라, 학명 선사와 상종이 빈번하였으며, 그 후 그 곳에서 4~5년간을 지내시며 선사 항상 대종사에게 출세도생出世度生하심을 권고하되 대종사 웃으시며 말씀하시기를,

"'임연이어臨淵羨魚 불여퇴이결망不如退而結網'이란 말과 같이 '나 지금 이렇고 있는 것이 곧 중생 제도라.'"고도 하셨으며 또 혹 웃으시며,

"성리 소식을 통했다는 분이 어찌 '수재여모태중雖在如母胎中이나 수도중생필遂度衆生畢이라'는 뜻을 모르느냐."고 농어弄語도 하셨다. 한때에는 학명 선사 한시 절구 한 수를 보내어 은연히 대종사의 출세出世를 권고하여 가로되,

'투천산절정透天山絕頂 귀해수성파歸海水成波
부각회신로不覺回身路 석두의작가石頭倚作家.'

때에 대종사 거저하시는 가옥이 협소하다 하여 시봉 제자들이 상모相謀하고 초가삼간을 신축하고 석두암이라 편액扁額을 부쳤던 고로 석두의작가石頭倚作家의 말이 나오게 되었던 것이다.

대종사 곧 화시和詩를 써 가라사대,

'절정천진수絕頂天眞秀 대해천진파大海天眞波
부각회신로復覺回身路 고로석두가高露石頭家.'

이것은 지금 숨은 석두암이 장래에 드러날 석두암이 될 것이라고 하신 의미이다. 〈송도성 수필, 『대종사 약전』〉

11

산 부처가 어디 계시나이까

대종사, 봉래정사蓬萊精舍에 계실 때 하루는 어떤 노인 부부가 지나가다 말하기를, 자기들의 자부子婦가 성질이 불순하여 불효가 막심하므로 실상사實相寺 부처님께 불공이나 올려 볼까 하고 가는 중이라고 하는지라, 들으시고 말씀하시기를 "그대들이 어찌 등상불에게는 불공할 줄을 알면서 산 부처에게는 불공할 줄을 모르는가." 그 부부 여쭙기를 "산 부처가 어디 계시나이까?" 대종사 말씀하시기를 "그대들의 집에 있는 자부가 곧 산 부처이니, 그대들에게 효도하고 불효할 직접 권능이 그 사람에게 있는 연고라. 거기에 먼저 공을 들여 봄이 어떠하겠는가." 그들이 다시 여쭙기를 "어떻게 공을 들이오리까?" 대종사 말씀하시기를 "그대들이 불공할 비용으로 자부의 뜻에 맞을 물건도 사다 주며 자부를 오직 부처님 공경하듯 위해 주어 보라. 그리하면 그대들의 정성에 따라 불공한 효과가 나타나리라." 그들이 집에 돌아가 그대로 하였더니, 과연 몇 달 안에 효부가 되는지라 그들이 다시 와서 무수히 감사를 올리거늘, 대종사 옆에 있는 제자들에게 말씀하시기를 "이것이 곧 죄복을 직접 당처에 비는 실지 불공實地佛供이니라."

〈『대종경』 교의품 15장〉

12

구전심수口傳心授의 맞춤복

송도성宋道性이 여쭙기를 "제가 전날에 옛 성인의 경전도 혹 보았고 그 뜻의 설명도 들어보았사오나 그때는 한갓 읽어서 욀 뿐이요 도덕의 참뜻이 실지로 해득되지 못하옵더니, 대종사를 뵌

후로는 차차 사리에 밝아짐이 있사오나 알고 보니 전에 보던 그 글이요 전에 듣던 그 말씀이온데 어찌하여 모든 것이 새로 알아지는 감이 있사온지 그 이유를 알고자 하나이다." 대종사 말씀하시기를 "옛 경전은, 비유하여 말하자면 이미 지어 놓은 옷과 같아서 모든 사람의 몸에 고루 다 맞기가 어려우나, 직접 구전심수口傳心授로 배우는 것은 그 몸에 맞추어 새 옷을 지어 입는 것과 같아서 옷이 각각 그 몸에 맞으리니, 각자의 근기와 경우를 따라 각각 그에 맞는 법으로 마음 기틀을 계발하는 공부가 어찌 저 고정한 경전만으로 하는 공부에 비할 바이리오."

〈『대종경』 교의품 24장〉

◎ 선생이 봉래초당에 계실 때에 모든 제자 모셔 앉았더니, 선생이 정좌하신 후에 송도성이 나수아 고하여 왈, "기왕既往 선생님을 뵈옵기 전에도 고성古聖의 경전도 혹 보았으며, 구전口傳으로도 많이 들어 배웠으나 그 날에는 어찌하여 도덕이 무엇인지 공부가 무엇인지 시비이해가 무엇인지, 선악 귀천이 무엇인지를 도무지 모르고 다만 글 읽는 것으로만 사람의 직업인 줄 알았더니, 선생님을 뵈온 후로는 이 여러 가지 이치가 차차 밝아짐이 있사오나, 알고 보니 전에 보던 그 글이요, 전에 듣던 그 말씀이거늘 어찌하여 모든 것이 새로이 알아지는 것 같습니까?"
선생이 답하시되, "그러하리라." 하시고 의장衣裝에서 옷 한 벌을 내어 들으시고[擧] 가라사대, "이 옷 한 벌을 가지고 여기 있는 여러 사람이 다 한 번씩 입어 보라. 사람 사람의 몸에 꼭 맞겠느냐?"

도성 : "사람의 몸이 대소와 장단이 있어서 천차만별로 다르거늘 어찌 이 옷 한 벌이 사람 사람의 몸에 다 맞겠습니까? 몸이 큰 자에게는 물론 의복이 작을 것이요, 몸이 작은 자에게는 반드시 의복이 크겠습니다."

선생 : "그러면 어찌하여야 사람 사람에게 다 맞겠느냐?"

도성 : "그 사람의 대소 장단을 맞추어서 의복을 제조하면 각각 맞겠습니다."

선생 : 이에 말씀하시되, "여러 가지 유래하여오는 경전과 모든 정한 규칙이라 하는 것은 이 의복 한 벌로써 여러 사람을 입히는 것과 같아서 방편을 따라서 임시로 변통하지 못하는 법이라 그런고로 깨치는 사람이 적으며, 직접 구전심수하여 가르치는 법은 사람의 대소장단을 따라 의복을 제조하는 것 같으니 그런고로 깨치기가 쉬웁나니라."하시고 이어 말씀하시되,

"성인의 흉胸 중에는 억천만법이 포함하여 있다가 일의 형편과 사람의 근기를 보아서 응해 쓰나니, 천 사람을 대하면 천 가지 법으로써 하고 만 사람을 대하면 만 가지 법으로써 하나니, 그 제도하는 수단과 방편은 모든 사람의 측량치 못할 바이니라. 그러나 세상의 정도程度가 미급未及하여서 그러한지, 나의 지식知識이 천박淺薄하여서 그러한지 나는 아직 그 모든 법을 베풀어 쓰

지 못하였노라." 하시더라. 〈월보 제47호〉

13

등잔불과 아상

대종사, 봉래정사蓬萊精舍에 계실 때 등잔불을 가리키시며 말씀하시기를 "저 등잔불이 그 광명은 사면을 다 밝히는데 어찌하여 제 밑은 저같이 어두운고?" 김남천金南天이 사뢰기를 "이는 실로 저와 같사오니, 저는 대종사의 문하에 직접 시봉하온 지 벌써 여러 해가 되었사오나 모든 일에 아는 것과 행하는 것이 멀리서 내왕하는 형제들만 같지 못하나이다." 대종사 웃으시며 다시 송규에게 물으시니, 송규 사뢰기를 "저 등불은 불빛이 위로 발하여 먼 곳을 밝히고 저 등잔대는 가까운 데 있어서 아래를 어둡게 하오니, 이것을 비유하오면 혹 사람이 남의 허물은 잘 아나 저의 그름은 알지 못하는 것과 같다고 하겠나이다. 어찌하여 그런가 하면, 사람이 남의 일을 볼 때는 아무것도 거리낌이 없으므로 그 장단과 고저를 바로 비춰 볼 수 있사오나, 제가 저를 볼 때는 항상 나라는 상相이 가운데 있어서 그 그림자가 지혜 광명을 덮으므로 그 시비를 제대로 알지 못하나이다." 대종사 말씀하시기를 "그렇게 원만하지 못한 사람이 자타自他 없이 밝히기로 하면 어찌하여야 할꼬?" 송규 사뢰기를 "희로애락에 편착하지 아니하고 마음 가운데에 모든 상을 끊어 없애면 그 아는 것이 자타가 없겠나이다." 대종사 말씀하시기를 "그대의 말이 옳다."

〈『대종경』 수행품 26장〉

◎ 종사주 봉래정사에 계실 때 어느 날 저녁에 모든 제자가 모셔 앉았는데, 마침 그 방에 쓴 등불이 조선식 대坮있는 옛 등잔이었더라.

종사주 등불을 가리키시며, "저 등불의 광명은 저같이 밝은데, 어찌하여 바로 제 밑은 저같이 어둡느냐?"

김남천이 대왈對曰 "이 말씀은 실로 제게 비하심이로소이다. 저는 종사님의 문하에 직접 시봉하온 지가 벌써 여러 해가 되었으되, 모든 일의 아는 것과 행하는 것이 원방遠方에서 왕래하는 형제들만 같지 못하나니다."

종사주 들으시고 웃으시며 다시 송규에게 물으시니,

송규 : "저 등불은 화광火光이 위로 발하여 먼 곳을 밝히고 등대燈坮는 가운데 있어서 아래를 어둡게 하나니, 이것을 비컨대 혹 사람이 저의 그름은 알지 못하고 남의 허물은 잘 아는 것과 같습니다. 어찌하여 그러냐하면 남의 일을 볼 때는 아무 것도 거리낌이 없으므로 그 사람의 장단長短 고저高低를 거울같이 비추어 볼

수 있음이요, 제가 저를 볼 때는 항상 '그래도 나거니' 하는 상相이 가운데 있어서 그 그림자가 지혜의 광명을 덮는 고로 모로는 연고입니다."

종사주 : "그와 같이 원만치 못한 사람이 자타 없이 밝히기로 하면 어찌하여야 되겠느냐?"

송규 : "희로애락에 편벽되이 착하지 말며, 마음 가운데 모든 상을 끊어 없애는 것이 자타自他 없이 밝히는 것입니다."

종사주, 다시 이춘풍에게 물으시되,

춘풍 : "저도 송규의 말과 같습니다. 그 등불은 제 몸을 가려서 제 밑이 어둡고 춘풍은 아상我相에 가려서 춘풍의 앞이 밝지 못한 일이 많습니다."

종사주 : "그 두 사람의 말이 근가近可하다는 뜻을 보이시더라."

〈월보 제38호〉

14

일행삼매一行三昧 공부

대종사, 이춘풍과 더불어 청련암靑蓮庵 뒷산 험한 재를 넘으시다가 말씀하시기를 "험한 길을 당하니 일심 공부가 저절로 되도다. 그러므로 길을 가되 험한 곳에서는 오히려 실수가 적고 평탄한 곳에서 실수가 있기 쉬우며, 일을 하되 어려운 일에는 오히려 실수가 적고 쉬운 일에 도리어 실수가 있기 쉽나니, 공부하는 사람이 험하고 평탄한 곳이나 어렵고 쉬운 일에 대중이 한결같아야 일행삼매一行三昧의 공부를 성취하느니라."

〈『대종경』 수행품 34장〉

15

말라가는 물웅덩이 속의 올챙이

대종사, 봉래정사에 계실 때 마침 큰 장마로 초당 앞 마른 못에 물이 가득하매 사방의 개구리가 모여들어 많은 올챙이가 생기었더니, 얼마 후에 비가 개고 날이 뜨거우매 물이 점점 줄어들어 며칠이 못 가게 되었건마는 올챙이들은 그 속에서 꼬리를 흔들며 놀고 있는지라, 이를 보시고 말씀하시기를 "참으로 안타까운 일이로다. 1분 2분 그 생명이 줄어 가고 있는 줄도 모르고 저와 같이 기운 좋게 즐기도다. 그러나 어찌 저 올챙이들뿐이리오. 사람도 또한 그러하나니, 수입 없이 지출만 하는 사람과 현재의 강强을 남용만 하는 사람들의 장래를 지혜 있는 사람이 볼 때는 마르는 물속에 저 올챙이들과 조금도 다름없이 보이느니라."

〈『대종경』 인도품 32장〉

◎ 시창10년[乙丑] 5월에 종사주 익산으로부터 봉래정사에 오시니, 때에 마침 큰 장마가 져 초당 앞 연못에 물이 가득하여 사방 개구리가 모여서 새끼를 낳았더라. 얼마 후 비가 개고 햇빛이 뜨거우매 물이 점점 줄어서 3,4일이 못 가게 되었는데, 개구리 새끼 올챙이는 그러할 줄을 모르고 기운 좋게 놀고 있었다.

종사주 그것을 보시고, "아! 참 무지한 올챙이들이다. 너희의 생명이 1분 2분 줄어드는지를 모르는구나." 하시며, 인하여 말씀하시되, "하필 올챙이랴. 사람도 또한 그러하리라. 최후의 곤란을 생각지 않고 현재의 재산을 배경삼아 수입은 없이 지출만 하며 제 딴에는 활발히 노는 자들이 곧 올챙이니라. 저 올챙이가 그와 같이 즐거워하나 소견 있는 사람이 볼 때에 며칠 못 가서 죽을 것을 알 것이요, 수입 없이 지출만 하는 자가 저는 비록 활발하고 교만하나 지식자가 볼 때에 패망을 가히 점하리라." 하시더라.

〈월보 제37호〉

16

법은 공적으로 처리하라

『대종경』 인도품 55장의 배경은 이춘풍의 양아들[총순]이 산에서 포수의 그릇된 탄환에 맞아 놀라게 된 사건이다.

이춘풍이 여쭙기를 "지난번에 저의 자식이 산에 갔다가 포수가 그릇 쏜 탄환에 크게 놀란 일이 있사온데, 만일 그때 불행한 일을 당하였다 하오면 그 일을 어떻게 처리하는 것이 좋사올지 취사가 잘 되지 아니하나이다." 대종사 말씀하시기를 "그대의 생각대로 한번 말하여 보라." 춘풍이 사뢰기를 "법률이 이러한 일을 다스리기 위하여 있는 것이오니, 법에 사실을 알리어 부자 된 심정을 표함이 옳을 듯하나이다." 대종사 다시 송적벽宋赤壁에게 물으시니, 그가 사뢰기를 "모든 일이 다 인과의 관계로 되는 것이오니, 그 일도 인과의 보응으로 생각하옵고 아무 일 없이 하겠나이다." 대종사 다시 오창건吳昌建에게 물으시니, 그가 사뢰기를 "저도 공부하는 처지가 아니라면 반드시 법에 호소하겠사오나, 또한 천명으로 돌리고 그만두겠나이다." 대종사 말씀하시기를 "세 사람의 말이 다 중도를 잡지 못하였도다. 대개 지금의 법령 제도가 사람이 출생하거나 사망하면 반드시 관청에 신고하게 되어 있으며, 더욱이 횡액을 당하였거나 의외의 급사를 하였을 때는 비록 관계없는 사람이라도 발견한 사람이 관청에 신고할 의무를 가졌나니, 외인도 그러하거든 하물며 부자의 관계를 가지고 있는 처지리오. 그러므로 나는 오직 국민의 처지에서 부모로서 즉시 관청에 사유를 보고할 것이요, 그 후의 일은 법을 가진 관청의 처리에 맡기고 나는 더 이상 관여하지 않겠노라."

〈『대종경』 인도품 55장〉

◎ 이춘풍이 선생에게 고하되, "제가 마음에 처리하다가 판결이 나지 못한 일이 한 가지 있습니다."

선생 : "무슨 일인고?"

춘풍이 말하되, "지난달에 저의 자식이 산에를 갔다가 포수의 짐승 잡는 탄환에 맞았었나이다. 때에 저는 마침 어디를 갔다가 오는 길인데, 동리 사람이 급히 나와서 그 말을 전하여 주옵더이다. 소자는 이 말을 듣고 경황驚惶하여 정신없이 그 사람의 향도嚮導를 받아 해該장소를 갔습니다. 가는 길에 마음에 모든 걱정과 번민이 북받쳐 올라서 능히 자제치 못하겠더이다. '어찌하여 이러한 횡액이 나의 앞에 떨어지는고. 천행天幸으로 무사하게 되었으면 이거니와 만약 불행하여 사망하는 경우가 되고 보면 어떻게 처리하여야 할꼬' 생각하여 보니, '이 일을 관청에 알려서 포수를 법률로 다스림이 가할까? 또는 저 포수가 짐승을 취하려다가 불행히 사람에게 맞은 것이니, 그만 덮어두는 것이 가할까?' 어찌하여야 옳을는지 상당相當한 생각을 얻지 못하였사오니, 어찌하면 가하겠습니까?"

선생이 춘풍에게 반문하시되, "춘풍이가 그때에는 창졸蒼卒간에 당한 일이라 무슨 요량이 나지 못한 것이나, 지금 생각에는 어찌하면 가할꼬?"

춘풍이 대왈, "대범 법이라 하는 것은 이러한 일을 다스리는 것이니, 원컨대 법에 알려서 포수를 다스려서 부자된 심정을 표하겠나이다."

선생이 또 송적벽에게 이문移問하시니, 적벽이 고왈, "소자는 백천만사가 다 자연으로 되는 줄 아옵나이다. 사람의 생生하는 것도 자연으로 생함이요, 사死하는 것도 자연으로 사함이라. 그러한 일은 횡액인 듯 싶으나, 그도 역천정亦天定이거늘 어찌 자식의 원수로 나의 원수를 만들겠습니까? 저는 아무 일이 없이 하겠습니다."

선생이 또 오창건에게 이문하시니, 창건이 고왈, "전일 공부하지 아니할 때 견지로 말하면 반드시 기사起事하여 보수報讎를 하겠으나, 금일 공부하는 목적으로는 기사起事할게 없다 하나이다. 포수는 짐승을 향하여 놓았거늘 불행히 사람이 맞았으니 귀지어천명歸之於天命하고 그만두는 것이 좋겠습니다."

선생이 가라사대, "3인의 말이 다 중中을 얻지 못하였도다. 내가 말할 것이니, 들어보라. 내가 만약 그러한 경우를 당하였으면 이렇게 처리하겠노라. 사람이 죽으면 법률에 진단서를 첨부하여 사망신고를 하는 규칙이 있으니, 그 법대로 보고하되 사실대로 기록하여 즉, 산에 갔다가 불행히 포수의 짐승 잡는 탄환에 맞아서 죽었다고 관청에 드리면 관청에서 반드시 무슨 말이 있을 것이다. 그러면 나는 말하되, 나의 자식이 그와 같이 죽었기에 그 사실대로 신고한 것이니 뒤의 처결은 법에서 할 것이요, 나는 관계치 않겠다고 하겠노라."하시더라. 〈송도성 수필, 대종사 법설집 2〉

17

포수와 산돼지

대종사, 봉래정사에 계실 때 마침 포수가 산돼지를 근처에서 잡는데 그 비명이 처량한지라, 인하여 말씀하시기를 "한 물건이 이로움을 보매 한 물건이 해로움을 당하도다." 하시고, 또 말씀하시기를 "산돼지의 죽음을 보니 전날에 산돼지가 지은 바를 가히 알겠고, 오늘 포수가 산돼지 잡는 것을 보니 뒷날 포수가 당할 일을 또한 가히 알겠도다." 〈『대종경』 인과품 12장〉

◎ 종사주 한때에 봉래정사에 계옵시니, 마침 포수가 와 산돼지를 초당 근처에서 잡았는지라, 죽음을 당하여 돼지의 부르짖는 소리 심히 처량하였다.

종사주 친히 가보시고 가라사대, "한 물건이 이로움을 보매 한 물건이 해로움을 당하였도다." 하시고 돌아오사, 제자들에게 일러 가라사대, "그 돼지의 죽음을 보니 앞날에 돼지가 지은 바를 가히 알겠고, 오늘날 포수가 돼지 잡는 바를 보니 뒷날 포수가 당할 일을 가히 알겠다." 하시더라. 〈월보 제37호〉

◎ 임술壬戌[註: 원기7년. 1922년] 10월이라. 선생이 봉래정사에 계실새, 엽부獵夫[사냥꾼]가 산저山猪[산돼지]를 쫓아와서 초당 근처에서 잡으니, 그 우는 소리가 심히 슬픈지라, 선생님께서 친히 가셔서 보시다가 말씀하시되, "한 물건이 이로움을 봄에 한 물건이 해로움을 입었도다." 하시고, 돌아오시어 제자들에게 일러 가라사대, "그 산저의 죽음을 보니 전일에 산저가 지은 것을 알겠고, 엽부가 산저 잡는 것을 보니 미래에 엽부가 당할 일을 알겠다." 하시더라. 〈송도성 수필, 대종사 법설집 2〉

18

맑은 기운과 월명암

대종사 말씀하시기를 "내가 어느 날 아침 영광에서 부안 변산 쪽을 바라다보매 허공 중천에 맑은 기운이 어리어 있는지라, 그 후 [원기4년 음 3월] 그곳에 가 보았더니 월명암에 수도 대중이 모여들어 선을 시작하였더라. 과연 정신을 모아 마음을 맑히고 보면 더럽고 탁한 기운은 점점 가라앉고 신령하고 맑은 기운은 구천九天에 솟아올라서 시방삼계가 그 두렷한 기운 안에 들고 육도사생이 그 맑은 법력에 싸이어 제도와 천도를 아울러 받게 되느니라."

〈『대종경』 천도품 25장〉

19

똥이라도 먹을 신심

대종사, 석두암에 계실 때 장적조張寂照·구남수具南守·이만갑李萬甲 등이 여자의 연약한 몸으로 백 리의 먼 길을 내왕하며 알뜰한 신성을 바치는지라, 대종사 기특히 여기시어 말씀하시기를 "그대들의 신심이 이렇게 독실하니 지금 내가 똥이라도 먹으라 하면 바로 먹겠는가?" 하시니, 세 사람이 바로 나가 똥을 가져오는지라, 대종사 "그대로 앉으라." 하시고 말씀하시기를 "그대들의 거동을 보니 똥보다 더한 것이라도 먹을 만한 신심이로다. 그러나 지금은 회상이 단순해서 그대들을 친절히 챙겨 줄 기회가 자주 있지마는 앞으로 회상이 커지고 보면 그대들이 오고 가는 것조차 내가 일일이 알 수 없을지 모르니, 그러한 때라도 오늘 같은 신성이 계속되겠는가 생각하여 보아서 오늘의 이 신성으로 영겁을 일관하라." 〈『대종경』 신성품 13장〉

20

청법·시봉하는 재미

대종사 말씀하시기를 " …… 내가 봉래산에 있을 때 같이 있던 몇몇 사람은 그 험산 궁곡險山窮谷에서 거처와 음식이 기구하고 육신의 노력은 과중하여 모든 방면에 고생이 막심하였으되 오직 법을 듣고 나를 시봉하는 재미로 항상 낙도 생활을 하여왔고 …… 그때 그 사람들로 말하면 남 보기에는 못 이길 고생을 하는 것 같았으나 실은 마음속에 낙이 진진津津하여 이 세상에서 바로 천상락을 수용하였느니라. 그런즉 그대들도 기위 이 공부와 사업을 하기로 하면 먼저 굳은 신념과 원대한 희망으로 어떠한 천신만고가 있을지라도 이를 능히 초월하여 모든 경계를 항상 낙으로 돌리는 힘을 얻은 후에야 한없는 세상에 길이 낙원의 생활을 계속할 수 있으리라." 〈『대종경』 신성품 16장〉

◎ "…… 과연 누구든지 이 세상을 살아갈 때에 낙은 적고, 만일 고가 많다면 살아나갈 재미가 없는 것이요, 재미가 없는 세상이란 그것이 곧 고이니라. 그리고 혹 남 보기에는 고통스럽게 보이나 당사자로서는 진진津津한 낙을 수용하는 사람도 또한 있나니, 실례를 들어 말하면 내가 이전 변산에 있을 때에 저 문정규는 늙은 몸으로 그 산중 험로에 들어와서 거처와 음식이 기구하건마는 나 하나 만나 보려는 재미로 그 모든 고생됨을 잊어버리고 오직 즐거워만 하였고, 또 김남천으로 말하더라도 그 늙은 사람이 변산 초당에서 줄포시장까지 쌀을 팔러 다니자면 험산궁곡에 고생이 막심하였으되 또한 나를 시봉하는 재미로 항상 낙도樂道생활을 하였으니, 그는 곧 고 중에서 낙을 받은 사람들이니라. ……" 〈회보 제9호〉

21

천력天力을 빌어서

한때 대종사 법성法聖에서 배를 타시고 부안扶安 봉래정사로 오시는 도중 뜻밖에 폭풍이 일어 배가 크게 요동하매, 뱃사람과 승객들이 모두 정신을 잃고 혹은 우는 사람도 있고 토하는 사람도 있고 거꾸러지는 사람도 있어서 배 안이 크게 소란하거늘, 대종사 태연 정색하시고 말씀하시기를 "사람이 아무리 죽을 경우를 당할지라도 정신을 수습하여 옛날에 지은 죄를 뉘우치고 앞날의 선업을 맹세한다면 천력天力을 빌어서 살길이 열리기도 하나니 모두 정신을 차리라." 하시니, 배에 탄 모든 사람이 다 그 위덕을 신뢰하여 마음을 겨우 진정하였던바, 조금 후에 점점 바람이 자고 물결이 평온하여지거늘, 사람들이 모두 대종사의 그 태연 부동하신 태도와 자비 윤택하신 성체를 뵈옵고 흠앙해 마지않느니라.

〈『대종경』 실시품 1장〉

22

제도의 묘방

『대종경』 실시품 2장에 등장하는 노승은 실상사 주지 한만허 스님과 월명암 주지 백학명 스님으로, 만허는 소태산보다 35세 연장자, 학명은 24세 연장자이다.

대종사, 하루는 실상사에 가시니, 노승 두 사람이 한 젊은 상좌에게 참선參禪을 하라 했으나 도무지 듣지 아니한다 하여 무수히 꾸짖고 나서, 대종사께 고하기를 "저런 사람은 당장에 천불이 출세하여도 제도하지 못하리니 이는 곧 세상이 버린 물건이라." 하거늘, 대종사 웃으시며 말씀하시기를 "화상和尙들이 저 사람을 생각하기는 하였으나 저 사람으로 하여금 영영 참선을 못 하게 하는 것도 화상들이로다." 하시니, 한 노승이 말하기를 "어찌하여 우리가 저 사람에게 참선을 못 하게 한다 하시나이까?" 대종사 말씀하시기를 "남의 원 없는 것을 강제로 권하는 것은 그 사람으로 하여금 영영 그 일을 싫어하게 함이니라. 내가 지금 화상에게 저 산의 바위 속에 금이 들었으니 그것을 부수고 금을 캐라고 무조건 권하면 화상은 곧 나의 말을 믿고 바로 채굴을 시작하겠는가?" 노승이 한참 동안 생각한 후에 말하기를 "그 말씀을 믿고 바로 채굴은 못 하겠나이다." 대종사 말씀하시기를 "화상이 그와 같이 확신을 하여 주지 않는데 내가 만일 강제로 권하면 화상은 어찌하겠는가? 필시 내 말을 더욱 허망하게 알고 말 것이니, 저 사람은 아직 참선에 대한 취미도 없고 아무 발원도 없는데, 그것을 억지로 권함은 저 사람으로 하여금 참선을 도리어 허망하게 알게 함이요, 허망하게 알 때는 영영 참선을 하지 않을 것이 아닌가? 그러므로 이는 사람을 제도하는 묘방이 아니니라." 노승이 말하기를 "그러하오면 어떻게 하는 것이 제도하는 묘방이 되오리까?" 대종사 말씀하시기를 "저 바위 속에 금이 든 줄을 알았거든 내가 먼저 채굴하여다가 그것을 광채 있게 쓰면 사람들이 나의 부유해진 연유를 알고자 하리니, 그 알고자 하는 마음의 정도를 보아서 그 내역을 말하여 준다면 그 사람들도 얼마나 감사히 그 금을 채굴하려 할 것인가. 이것이 곧 사람을 제도하는 묘방일까 하노라." 노승들이 고쳐 앉으며 말하기를 "선생의 제도하시는 방법은 참으로 광대하나이다." 하니라. 〈『대종경』 실시품 2장〉

◎ 선생이 봉래초당에 계실 때에 하루는 실상사에 가시었더니, 실상사 주지 한만허韓滿虛와 월명암의 백학명白鶴鳴 두 사람이 있어서 자기 집안사람들을 권하여 참선을 하라 하니, 그 사람이 듣지 아니하거늘 두 사람이 노하여 그 사람은 꾸짖고 선생에게 말하되, "우리가 저 사람을 권하여 참선하라 하는 것이 저를 미워

하여 그러하겠습니까? 생각하여서 그러하겠습니까?" 이러하며 말하되, "저와 같은 사람은 곧 이 자리에서 불보살이 출세한다 하여도 제도치 못하리라. 이는 세상에 버린 물건이라." 하거늘, 선생이 가라사대, "그대들이 저 사람을 생각하기는 극진히 생각하였으나, 저 사람으로 하여금 영영 참선을 하지 못하게 하기는 또한 그대들이니라." 하시니,

만허 악연愕然히 얼굴을 고쳐 왈 "어찌함으로써 우리가 저 사람으로 하여금 영영 참선을 하지 못하게 한다 하시나이까?"

선생이 가라사대, "남의 원치 않는 일을 강제로 권하는 것은 그 사람으로 하여금 영영 그 일을 못하게 함이니라." 하시고, 그 앞에 있는 인장바위를 가리키시며 가라사대, "내가 지금 그대를 향하여 말하되, '저 인장바위 속에 금이 들어 있으니, 금을 채굴하라' 하면 그대가 나의 말을 믿고 인장바위를 부수고 금을 채굴하겠느냐?"

만허 : 머리를 숙이고 한참동안 침음하더니, 다시 앉으며 대답하되, "그 말씀을 믿고 채굴의 착수는 하지 못하겠나이다."

선생 : "그대가 그와 같이 확신하여 주지 않는데 내가 강제로 권하면 어찌 될꼬? 반드시 허망하게 알겠지. 만약 허망하게 아는 날에는 반드시 금을 채굴치 아니하리라. 저 참선하기를 권하는 것도 또한 그와 같다 하노라. 저 사람은 참선에 대한 취미도 모르고 아무 발원도 없는데 좌우에서 권하여 억제抑制로 참선을 시

킴은 저 사람으로 하여금 참선을 허망하게 알게 함이요, 허망하게 아는 날에는 영영 참선을 하지 아니할 것이니, 이는 제도하는 방법이 아니니라." 하시니, 학명이 듣다가 선생을 향해 앞으로 나수어 말하되, "그것이 제도하는 방법이 아니라 하시면 어찌하여야 제도가 되겠습니까?"하니,

선생이 가라사대, "저 인장바위에 금이 든 줄 알았거든 남에게 말할 것 없이 먼저 내가 채굴하여다가 여러 사람의 보는 바에 가산家産 농막農幕도 장만하며, 모든 데에 금전을 화채和彩있게 쓰면 남들이 나의 졸지에 부자가 된 것을 심히 의심 내어 그 연유를 알고자 하리라. 그 알고자 하는 마음의 정도程度를 보아서 지극한 성력誠力과 지극한 신앙이 있은 연후에 비로소 말하되, '저 인장바위 속에 금이 있어서 나는 어떠한 방법으로 그 금을 내어서 이와 같이 부산富産이 되었으니, 자기도 채굴하면 곧 이와 같이 부산富産이 되리라' 하면 그 사람이 천만 감사히 알아서 주야를 불분不分하고 모든 힘을 다하여 그 금을 채굴하여 결국에는 얻으리라." 하시니,

학명 : 이 말씀을 듣고 자리에 물러앉으며 말하되, "참으로 광대무량하도다. 선생님의 제도하시는 방법이여!" 하더라.

〈송도성 수필, 대종사 법설집 2. 월말통신 제30호〉

23

적벽과 남천

적벽과 남천이 싸운 시기는 원기6년(1921) 음력 7월 석두암 기공 몇 개월 이전의 사건으로 보인다. 대략 원기6년 봄으로 추정된다. 왜냐하면 적벽과 남천이 소태산을 모신지 1년여가 지난 후라고 말하고 있기 때문이다. 적벽과 남천은 실상초당에서 아침에 싸우고 적벽은 봉래산을 떠나게 되며 수개월 후 다시 돌아온다. 아마도 적벽이 돌아온 후 적벽·남천은 석두암을 지었을 것이다. 다만 '선생님[소태산]을 모신지 1년이 지났다'는 시기를 광범위하게 본다면 적벽과 남천이 싸운 시기를 석두암 준공 즈음인 원기6년 음력 8월경으로 볼 수도 있을 것이다.

대종사, 봉래정사에 계실 때 하루는 저녁 공양을 아니 드시므로 시봉하던 김남천·송적벽이 그 연유를 여쭈었더니, 대종사 말씀하시기를 "내가 이곳에 있으매 그대들의 힘을 입음이 크거늘 그대들이 오늘 밤에는 싸움을 하고 내일 아침 해가 뜨기 전에 떠나갈 터이라 내 미리 밥을 먹지 아니하려 하노라." 두 사람이 사뢰기를 "저희 사이가 특별히 다정하온데 설령 어떠한 일로 마음이 좀 상한들 가는 일까지야 있겠나이까. 어서 공양에 응하소서."

하더니, 몇 시간 뒤에 별안간 두 사람이 싸움을 하며 서로 분을 참지 못하여 짐을 챙기다가, 남천은 대종사의 미리 경계하심이 생각되어 그대로 머물러 평생에 성훈聖訓을 지켰고, 적벽은 이튿날 아침에 떠나가느니라. 〈『대종경』 실시품 3장〉

◎ 선생이 봉래정사에 계옵실 때에 송적벽, 김남천 두 사람이 모시고 지내더니, 하루는 저녁때를 당하여 석반을 잡수시지 아니하시고 식상食床을 물리치시며 수색愁色이 만안滿顔하시거늘, 적벽·남천이 황공 복지伏之하여 고왈 "어찌함으로 그러하시옵나이까?" 하니,

선생 답하시되, "그대들을 인하여 그러하노라."

두 사람 : "어찌한 연고로 저희들을 인하여 그러하옵시나이까?"

선생이 가라사대, "남천은 적벽의 은혜를 입어서 공부를 하고, 적벽은 남천의 은혜를 입어서 공부를 하여 서로 서로 의지依之하니, 그 은혜 지중하거늘 그대들이 혹 그 뜻을 알지 못하고 후일에 좋지 못한 일이 생길까 염려하노라. 어찌함으로 서로 의지한다 하느냐 하면, 어떠한 사람이 학교를 설립하고 공부를 하기로 하는 바에 제 단독히 힘으로는 교사의 월사금月謝金이며 학교에 각 유지비를 당하여 쓰지 못하여 공부를 하지 못할 경우에, 여러 사람이 합력하여 그 모든 비용을 한 가지 부담하며, 모든 학식을 한 가지 배우면 이 사람은 저 사람의 은혜를 입음이요, 저 사람

은 이 사람의 은혜를 입음이거늘 그 은혜를 서로 모르면 금수에 다른 것이 없나니라." 하시니,

직벽·남천이 말씀을 들은 후에 고하여 왈 "신생님께서는 그러한 일로는 써 조금도 염려치 마옵소서. 소자 두 사람은 서로 만난지가 이미 10여년이로되 일찍이 한 번도 다투어 본적이 없사오며, 이곳에 와서 선생님을 모신지가 1년이 지났사오나 또한 조금도 불합不合한 동정動靜이 없었거늘 어찌 그러한 허물이 있사오리까?" 하며 수삼차를 다짐하여 선생님을 위로하여 석반을 나수다. 그런지 바로 다음날에 두 사람이 무슨 일로써 상의하다가 서로 맞지 못한 일이 있어서 앞날 저녁에 선생님에게 다짐한 일도 잊어버리고 서로 다투어서, 적벽은 노기를 이기지 못하여 자기 본가로 향하여 가고, 남천이도 적벽의 가는 것을 보고 자기도 가기로 작정하니, 남천도 가고 보면 선생님 문하에 시봉하는 사람이 하나도 없을 형편이더라.

선생이 이에 남천을 불러서 꾸짖으시되, "너희가 어제 저녁에 한 말을 하룻밤 사이에 잊어버리고 이와 같이 하니, 무슨 능력으로써 너희를 제도하리요." 하시니, 남천이 그제야 깨닫고 복지사죄하고 그 뒤로 인하여 안심하고 지내었으며, 적벽은 집에 가서 수월 후에야 깨닫고 도로 봉래산으로 돌아왔나니라. 대개 마음의 어두워지고 밝아지는 이치가 이와 같이 묘하도다.

〈송도성 수필, 대종사 법설집 2〉

24

이춘풍과 허무적멸

대종경 변의품 20장의 "이춘풍이 유가의 규모를 벗어나 출가하여 대종사를 뵈옵고 사뢰기를 … "에서 '출가'는 원기6년(1921) 46세 되던 음력 9월 1일 소태산을 처음 뵙고 입문한 이후로 여겨진다. 그러므로 이 법문은 이춘풍이 종곡으로 이사온 후 봉래정사에서 소태산을 근접하여 모시는 과정에서 물었던 것으로 여겨진다.

이춘풍이 유가의 규모規模를 벗어나 출가하여 대종사를 뵈옵고 사뢰기를 "제가 대종사를 뵈오니 마음이 황홀하와 삼천 제자를 거느렸던 공자님을 뵈온 것 같사오나 원래 불교는 유교 선성들이 수긍하지 아니한 점이 있사와 늘 마음에 걸리나이다." 대종사 말씀하시기를 "그 점이 무엇이던가?" 춘풍이 사뢰기를 "불교는 허무적멸을 주장하므로 무부무군無父無君이 된다고 하였나이다." 대종사 말씀하시기를 "부처님의 본의가 영겁 다생에 많은 부모와 자녀를 위하사 제도의 문을 열어 놓으셨건마는 후래 제자로서 혹 그 뜻에 어그러진 바가 없지도 않았으나, 앞으로는 모든 법을 시대에 적응하게 하여 불교를 믿음으로써 가정의 일이 잘 되게 하고, 불교를 믿음으로써 사회 국가의 일이 잘 되도록 하려 하노니 무부무군이 될까 염려하지 말라. '주역周易'의 무극과 태극이 허무적멸의 진경이요, 공자의 인仁이 곧 사욕이 없는 허무적멸의 자리요, 자사子思의 미발지중未發之中이 허무적멸이 아니면 적연부동한 중中이 될 수 없고, 대학의 명명덕明明德이 허무적멸이 아니면 명덕을 밝힐 수 없는 바라. 그러므로 각종 각파가 말은 다르고 이름은 다르나 그 진리의 본원인즉 같으니라. 그러나 허무적멸에만 그쳐 버리면 큰 도인이 될 수 없나니 허무적멸을 도의 체로 삼고 인의예지를 도의 용으로 삼아서 인간 만사에 풀어쓸 줄 알아야 원만한 대도니라." 〈『대종경』 변의품 20장〉

25

용기 사고 파는 관계

소태산 대종사, 영산에서 변산 봉래정사로 도보로 오시는 도중 하루 묵었던 저자는 아마도 심원면 연화리 정도로 보인다. 왜냐하면 봉래정사에서 이춘풍이 기다리고 있었기 때문이다. 만일 이춘풍이 관리하고 있는 종곡집에 유숙했다면 이춘풍과 함께 봉래정사에 갔어야 했기 때문이다. 보통 영광에서 하루 걸

으면 심원 정도에서 유숙해야 했고, 다음 날 배편으로 심원에서 변산으로 갔을 가능성도 크다. 또는 도보로 줄포만 해안을 따라 갔다면 심원에서 후포를 지나 줄포를 거쳐 봉래정사에 이르렀을 것이다.

대종사, 영산에서 봉래정사에 돌아오사 여러 제자에게 말씀하시기를 "내가 오는 길에 어느 장 구경을 하게 되었는데, 아침에 옹기장수는 옹기 한 짐을 지고 장에 오고 또 어떤 사람은 지게만 지고 오더니, 그들이 돌아갈 때는 옹기장수는 다 팔고 지게만 지고 가고 지게만 지고 온 사람은 옹기를 사서 지고 가는데, 두 사람이 다 만족한 기색이 엿보이더라. 나는 그것을 보고 생각하기를 당초에 옹기장수가 지게만 지고 온 사람을 위하여 온 것이 아니었고, 지게만 지고 온 사람이 옹기장수를 위하여 온 것이 아니어서, 각기 다 자기의 구하는 바만 구하였건마는 결국에는 두 사람이 다 한가지로 기쁨을 얻었으니, 이것이 서로 의지하고 바탕이 되는 이치로다 하였노라. 또 어떤 사람은 가게 주인이 거만하다 하여 화를 내고 그대로 가니, 사람들이 말하기를 저 사람은 물품을 사러 장에 온 것이 아니라 대우받으러 장에 온 것이라고 비웃었으며, 또 한 사람은 가게 주인이야 어떠하든지 자기가 살 물품만 실수 없이 사는지라 좌우 사람들이 모두 그를 옳게 여기며 실속 있는 사람이라고 칭찬하더라. 나는 이 일을 보고 들을 때 문득 그대들의 교단 생활하는 일과 비교되어서 혼자 웃기도 하고 탄식도 하였노니, 그대들은 이 이야기에서 깊은 각성을 얻어 보라." 〈『대종경』 교단품 22장〉

◎ 어느 때에 선생님께서 영산으로부터 봉래정사로 오시는 노路[路는 途로 看함] 중에 어떠한 저자가의 여관에서 하루 동안을 유치숙留置宿하시고 그 익일翌日에 저도抵到하시니, 때에 송적벽·김남천·이춘풍 등이 정사精舍에 있다가 환희하는 마음을 이기지 못하며, 오랫동안 듣지 못하던 법설을 듣고자 하니, 선생님께서 정좌하신 뒤에 일반 대중을 향하시와 아래와 같이 말씀하시다.

"내가 금번에 오다가 중로中路 어떠한 저자가의 여사旅舍에 투숙하였는데 그날이 마침 장날이어서 여러 가지 기관奇觀을 많이 느꼈[感]노라." 하시며 말씀하시기를 계속하신다.

"나는 여사旅舍에 있다가 울칩한 정신을 소창키 위하여 저자에 나가서 산보로 돌아다니며 풍물을 구경하였다. 구경하는 가운데, 어떠한 옹기장수는 옹기를 한 짐 지고 무거움에 견디지 못하는 더운 땀을 흘려 가면서 시문市門을 향하고 들어오고, 또 어떠한 사람들은 빈 지게만 지고 오더니, 그네들의 돌아갈 때에 본즉 그 옹기장수는 옹깃짐을 벗어버리고 쌀[米]과 고기[肉]와 기타 모든 각색의 물품을 사 가지고 가고, 빈 지게를 지고 오던 그 사람은 도리어 옹깃짐을 지고 가는데 그 두 사람의 얼굴에는 다 희색이 있어 보였다. 나는 그들에게 이상스럽게 기뻐하는 연고를 물은 즉, 옹기장수 대답하되 '저는 저 옹기를 팔러 올 때에 내심에는 걱정이 있었어요. 만약 오늘 장에 팔리지 않으면 어찌하나 하였더니, 다행히 구하는 분을 만나서 잘 팔았으며 그 돈으로 여러 가지 물품을 교역하여 가게 되니, 그럼으로 기뻐하나이다.' 하고, 빈 지게 지고 오던 그 사람은 대답하되, '저는 근일에 새 살림을 시작하온 바 모든 기구가 없어서 곤란이 막심하므로 기구를 장만하러 오늘 장에 왔었는데, 올 때 마음에는 걱정이 되어요. 만약 소용所用에 마땅한 기구가 없으면 어찌하나 하였더니, 마침 이 옹기가 있어서 사가니 집에 가서 모든 데에 쓸 일을 생각하온 즉 기쁜 마음에 무거운 줄도 모르겠다.' 하더라.

나는 그 두 사람의 말을 듣고 한 느낌이 일어났었다. 참 과연 그 말이 당연한 말이로다. 그러면 옹기장수가 옹기를 지고 올 때에 저 사갈 사람을 위하여 왔는가. 또한 옹기 사가는 사람은 옹기 사는 것이 저 옹기장수를 위하여 사가는 것인가. 제군이여, 묵묵히 생각하고 생각하여 보라." 하시고,

다시 말씀하시되, "어떠한 사람은 상점으로 무슨 물품을 사러 왔다가 상점 주인이 인사도 정답게 하지 아니하고 언어도 공손치 아니하다 하여 진심嗔心을 내고 가면서 말하되, '나는 오늘 장에 무슨 물품을 사러 왔었는데, 상점 주인의 거만한 태도에 진심嗔心이 나서 목적하고 온 물품도 사지 아니하고 가노라'고 하니,

좌우에서 듣는 사람들이 모두 비웃는 안양顔樣이며, 그 사람의 지나간 뒤에 혹은 말하되, '상점 주인은 어떠한 태도를 가지든지 간에 저의 목적하고 온 물품만 사가면 그만일 터인데' 하고 웃으며 혹은 말하되, '그 사람은 물품을 사러 목적하고 온 사람이 아니라, 상점 주인에게 존대를 받고자 온 사람이라'고 비평하더라. 또 한 사람은 물품을 사는데 상점 주인이 완강한 태도를 가지며 언어도 불공不恭한 점이 많으나, 그 사람은 이에 대하여는 조금도 관심치 않고 각 물품의 유무와 가금價金의 고하를 차례로 물어서 그 물품 사는 데에 실수失數 없기만 주장하는지라, 좌우에서 보던 사람들 중에 한 사람이 말하되 '우리가 보는 바에 상점 주인이 저와 같이 완만무례頑慢無禮하거늘, 당신은 어찌 다른 상점으로 가지 아니하고 이 상점에서 사시나이까?' 한즉 그 사람이 대답하되, '나는 본래 오기를 남에게 대우받자고 온 게 아니라 물품 사기를 목적하고 왔으니, 나의 사려는 물품만 사가면 나의 오늘 온 목적을 달하였다 하지 않겠습니까? 만약 사소한 일에 진심嗔心을 내어서 다른 상점으로 갔다가 그 상점에 나의 구하는 물품이 없으면 어찌하겠습니까? 그러므로 나는 이렇게 생각합니다. 상점 주인이 나에게 응접 잘 하고 못 하는 데에 관심은 그만두고, 요행히 이 점店에 각 물物이 구비하여 여러 처소에 다니지 아니하고 다 사[買得]게 되니, 다만 감사할 뿐입니다.' 하니, 좌우에 듣던 모든 사람이 다 그 말을 당연하게 여기며 혹은 칭찬도 하더라. 제군이여, 그 말을 묵념하여 보라. 나의 말한 감상 가운데 제군도 취할 것이 있는지." 〈송도성 수필, 대종사 법설집 1〉

26

통장수 통메기

대종경 인도품 59장과 관계된 예화이다.

선생 : "내가 도인이 아니면 도인을 보아도 도인인 줄을 알지 못하나니라." 하시고,

계속하여 말씀하여 가라사대, "내가 봉래산 실상이란 곳에 있을 때 일이다. 하루는 통장사가 와서 동리 뉘집에서 통 메기를 시작하였다. 나도 가서 구경하였으며 동리 사람들도 많이 모였었다. 그러나 구경하는 여러 사람은 다 통 메는 법을 모르는 사람이라, 그 통장수가 통을 잘 메는지 못 메는지 아무 판단 없이 들여다보고 섰을 뿐이었다. 때에 마침 어떠한 사람 하나가 와서 한참동안 통 메는 것을 구경하다가 통장수를 물끄러미 쳐다보며, '여보 통장수, 통을 메려거든 통꼭지나 옳게 박으오' 하니, 통장수가 그 말을 듣고 낯빛이 붉으락푸르락 하며 정신을 차리지 못하고 손

을 덜덜 떨면서 메어 놓았던 통까지 도로 와해되어 버리고, 필경은 그 통을 메지 못하고 가게 되었다. 내가 그 두 사람의 뒤를 탐사하여 본즉 통상수는 과연 통 메일 줄 모르는 사람이 처음으로 나온 자요, 통꼭지나 옳게 박으라고 말하던 그 사람은 참으로 통 메는 상수上手라 하더라. 그러면 그 사람은 자기가 통 메는 재주가 있었으므로 그 통장수가 통 잘 메지 못하는 것을 알지 않았는가. 그와 같이 도인이 아니고 어찌 도인의 깊은 뜻을 알며, 참 지식이 없고 어찌 참 선생을 만나겠는가? 그런고로 써 말하되 '그 사람이 아니면 그 사람을 모른다' 하노라." 하시더라.

〈월말통신 제5호〉

27

내가 주는 그대로 받느니라

임술壬戌년[註: 원기7년. 1922년] 겨울 11월이라. 선생님께서는 봉래정사에 계실 때이다. 어느 날 저녁에 모든 제자 모여 앉아서 법설하시기를 고요히 기다리고 있었다.

선생님께서는 일반 대중을 향하여 물으시되,

"제군이여, 제군은 만사萬事가 저의 짓는 대로 보복됨을 아느냐,

마느냐. 그것이 쉬운 듯 하여도 어려워서 말하는 자는 많으나 실행하는 자는 드무나니, 말하면서 실행치 못하는 것은 참으로 확실한 보복되는 이치를 밝히 알지 못한 연고이로다. 나의 지금에 말하려 하는 것은 제군으로 더불어 그에 관한 진리를 밝혀 보려 하노라." 하시고 말씀을 계속하신다.

"대범, 사람이 제가 스스로 높은 체 하는 자는 반드시 낮아지고, 제가 스스로 이기고자 하는 자는 반드시 패하게 되고, 제가 스스로 남을 가르치고자 하는 자는 반드시 배우게 되나니, 이것은 내가 그 마음을 가지고 있으면 저 사람도 또한 그 마음을 가지고 나를 대하는 연고이니라. 그런고로 군자는 다른 사람의 몸을 굽히려 할진대 먼저 나의 몸을 굽혀 주며, 다른 사람을 이기려 할진대 내가 먼저 굴屈할 때에 굴할 줄을 알며, 다른 사람을 가르치려 할진대 내가 먼저 배우기를 좋아하나니라.

제군이여! 제군에게 간절히 이르노니, 삼가이 남의 덕을 바라지 말고 나의 덕을 남에게 베풀게만 하라. 짓지 아니하고 바라면 덕德이 오지 아니하고 원망이 오나니라. 삼가이 남의 사랑을 바라지 말고 내가 남을 사랑하기만 하라. 내가 사랑하지 아니하고 남의 사랑을 바라면 사랑이 오지 아니하고 미움이 오나니라. 그러나 내가 실행하는 사람에게는 바라지 아니하여도 자연히 돌아오는 것은 정리定理이니라. 제군이여, 다른 사람들은 내가 주는 그대로 도로 나를 주나니라." 하시다. 〈송도성 수필, 대종사 법설집 1〉

28

변태變態 되는 이치

계해癸亥년[註: 원기8년. 1923년] 3월초에 선생이 봉래정사로부터 영산에 가셨다가 동년 5월分에 도로 봉산蓬山으로 돌아오시다. 익일翌日에 모든 제자들에게 일러 가라사대,

"내가 거번去番에 영산에를 갈 때에는 초목이 미발未發하여 도로道路가 분명하더니, 이번에 올 때에는 녹음綠陰이 우거져서 도로가 진황陳荒하였으며, 전일 황산黃山이 금일의 청산靑山이 되었거늘, 나는 이것을 보고 우연한 생각이 일어났었다. 앞날에 있던 산하대지山河大地가 아니고, 다른 산하대지가 나타나서 이러한가? 아니다. 산하대지는 항상 그 산하대지로되, 태도態度를 변하여 이와 같이 되었도다. 그러나 뉘가 이 변태 되는 이치를 알리요." 하시더라.

〈송도성 수필, 대종사 법설집 2〉

29

상相을 멸도滅度하라

대종경 불지품 21장·22장과 내용상 상통된 법문이다.

선생이 봉래정사에 계실 때에 모든 제자 모셔 앉았더니, 선생이 정좌하신 후 『금강경』을 설하실 새, '아상我相·인상人相·중생상衆生相·수자상壽者相을 멸도하라.'는 법에 이르러서 그 의지義旨를 해석하여 말씀하시되,

"이 상相을 비록 네 가지로 분석하였으나 또 천차만별의 상이 있다. 그러나 이 상을 다 말할 수가 없는 고로 상의 강령만 들어 이르노라." 하시고 말씀하시되,

"무슨 일에든지 마음이 한편에 떨어져서 사면을 살피지 못하는 것이 곧 상相이니라.

현금 세계에 모든 사람이 각각 이 상에 착着하여 원만한 도를 이루지 못하나니, 즉 유가의 선비는 유교의 규모規模에 편벽되이 착하여 그 다른 것을 알지 못하고, 불가의 승려는 불가의 규모에 편벽되이 착하여 그 다른 것을 알지 못하고 기타 각 종교며, 각 사회의 사업자가 각각 저의 하는 일에 집착하여 다른 사람의 지식을 취하여 쓸 줄을 모르고 저의 익힌 바로써 영영 자기의 지옥

을 삼는 자 많다." 하시더라. 〈송도성 수필, 대종사 법설집 2〉

30

자공자급自供自給은 출가인의 직분

계유癸酉[註: 원기18년. 1933년] 여름에 선생이 영산으로부터 봉래정사에 돌아오시니, 때에 오창건과 송도성이 정사에 거居하다.
선생이 가라사대, "내가 영산에 다녀온 사이에 너희는 육신으로 근고勤苦하여 의식衣食을 능히 자공自供하였느냐? 여유가 있어서 저축이 되었느냐? 의식지계衣食之計가 되지 못하였느냐?" 하시거늘, 오창건이 대왈對曰 "저의 근고勤苦한 것과 먹고 쓴 것을 비교하여 보면 항상 부족하더이다. 의식지계衣食之計가 되지 못하더이다."
선생이 가라사대, "도 배우는 자가 마땅히 먼저 자신資身할 방책을 안 후에야 백천만가지 일을 이루는 바탕이 되나니, 제 몸 하나도 스스로 끌어가지 못하는 사람이 어찌 큰 도덕 배우기를 뜻하리요. 지금 자네의 말을 들은 즉 근고하여 장만하는 것이 의식 용도가 부족된다 하니, 참 큰 걱정꺼리로다. 전일前日 재가하여 있을 때에는 부모 처자의 은혜로 의식衣食에 아무 염려 없이 지냈거니와 이제는 출가하여 각기 사업을 이루려 하니, 부모 처자의 보호가 끊어졌도다. 그 보호가 끊어졌으되, 자작자급自作自給할 줄을 모르니, 무엇을 먹고 무엇을 입으면서 공부하겠느냐? 먹지도 아니하고 입지도 아니하면 차고 주림에 견디지 못하여 만사萬事를 불성不成하리라.

만약 공부를 성취하여 도덕의 광명이 원근遠近에 비쳐서 세상의 보호가 있다면, 그때에는 육신으로 근고치 아니하고라도 능히 자신을 보호하며 세세생생 무루無漏한 복록을 지을 찌나, 그러하기 전에는 공부하는 사람의 직분이 자작자급함이니, 조금도 남에게 의뢰하지 아니하나니라. 만약 남에게 의뢰하였다가 남의 보호력이 없으면 나의 공부, 나의 사업을 그만 둘 터인가? 나는 이번 영산에 가서 몸으로써 방언하는 데 종역從役하여 현금 100원을 장만한 바 30원은 식가食價 및 각 용비用費로 쓰고, 30원은 조합 중에 저축하고, 40원은 빈민을 구제하였으며 또 법으로써는 삼천대천세계三千大天世界를 향하여 교육인 바, 교수료로 수입금이 5,000여원에 달한다." 하시더라. 〈송도성 수필, 대종사 법설집 2〉

31

정신 앗아가는 마魔

법문에 등장하는 이춘풍의 작은아이들은 이경순과 이정화로, 종곡으로 이사 올 당시 이경순은 8살, 이정화는 5살 정도로 소태산은 무척 예뻐하고 귀여워하였다. 대종경 수행품 19장의 마魔의 근원을 근본적으로 없애는 외정정과 상통된 법문이다.
문부와 사무는 아마도 교서편찬의 업무로 보인다. 교리강령인 사은사요 삼강령팔조목은 세부문장을 다듬었을 것이며, 초안된 수양연구요론과 조선불교혁신론도 제자들과 논담하시었을 것으로 보인다. 〈회보 제31호〉의 "내 전일 한 생각을 얻은 후 모든 문자를 많이 기록해 놓았다가 여러 가지 사정으로 소화消火한 후 그것이 본시 나의 정신에서 나온 것임으로 나의 생전에는 다시 저술하기가 용이할 줄 알았더니 이제는 여러 가지 사무에 끌리는 관계인지 혹 상기上氣도 되고 정신이 혼미해지니 한이로다." 하신 것도 이 법문과 연관선상에 있는 것으로 여겨진다.

선생이 봉래정사에 계시는 때에 모든 문부文簿와 여러 가지 정신 쓰시는 사무를 보실 새, 이춘풍의 집에 작은아이가 두어 명이 있는데 그 처소에 자주 와서 놀며 훤화喧譁하거늘, 선생이 엄금嚴禁하사 오지 못하게 하시되 항상 오거늘, 선생이 미워하는 얼굴을 그 아이들에게 보이사 오지 못하게 하시고,

시자侍者에게 일러 가라사대, "네가 나의 저 아이에게 그다지 심하게 하는 뜻을 알겠느냐?" 하시니, 시자 대왈對曰 "대강 알겠사오나, 자상히 듣고자 하옵나이다."

선생이 가라사대, "무슨 일이든지 정신을 써서 하여갈 때에 그 아이들이 쓸데없이 와서 쓸데없이 시끄럽게 하면 그 일 보는 데 큰 방해가 미칠지라. 이는 곧 정신을 가져가는 마魔이니, 나는 모든 데에 마魔 제어制禦하기를 이같이 엄하게 하노라."

〈송도성 수필, 대종사 법설집 2〉

32

존자尊者와 천자賤者

소태산의 변산 주석시에 김남천은 딸 김혜월과 손녀 이청풍과 함께 소태산을 직접 모시고 시봉한다. 그렇기에 소태산의 물음에 김남천과 김혜월이 문답하고 있는 아래의 법문시기는 봉래정사 시절로 여겨진다.

선생이 하루는 모든 제자들에게 일러 가라사대,
"어찌하면 세상에서 제일 높아지며, 어찌하면 제일 낮아지느냐?"
김남천이 대왈對曰 "도덕을 알아 자연지리自然之理로 행하고 보면 제일 높은 사람이요, 도덕을 알지 못하고 자연지리를 어기는 자는 제일 천한 자이니다."
김혜월이 대왈 "나의 몸을 굴하고 마음을 낮추어 묻[문問]기를 부끄러워하지 아니하고 배울 줄 아는 자는 높아질 것이요, 아무 요량 없이 제가 높은 체하고 매사에 배울 줄을 알지 못하는 자는 제일 천한 사람이 될 것이올시다."
선생이 들으시고 혜월의 말을 근가近可이 여기시더라.

〈송도성 수필, 대종사 법설집 2〉

33

소탄 자의 이야기

이 법문은 대종경 수행품 54장에서 김남천이 소태산 대종사와 문답하는 대화자로 등장하나, 주산 송도성 수필법문에는 송적벽이 문답자로 등장한다. 같은 내용을 각각의 상황에 따라 두 사람에게 법문했다고 여겨질 수 있으나, 법문의 초고에는 송적

벽이 문답의 주인공으로 등장한다. 이 법문의 문답자가 송적벽이라면 봉래정사 시봉시절의 법문으로 헤아려진다.

어느 때 송적벽이 와서 선생님을 뵈오니, 선생께서 적벽을 대하여 이와 같은 이야기를 하시다.

내가 향일向日[지난 번]에 어디를 가다가보니 어떠한 사람이 소를 타고 가는데 보니, 참 우스운 일이더라. 사람의 권리대로 소를 끌고 가지 못하고 소의 권리에 사람이 끌려 다니는데, 소가 형극荊棘 속으로 들어가면 사람도 형극 속으로 들어가고, 소가 진 구렁으로 들어가면 사람도 진 구렁으로 들어가고, 산으로 가면 산으로 끌려가고, 들로 가면 들로 끌려가서 자빠지기도 하고, 엎어지기도 하여 의복이 다 찢기고 얼굴도 성한 데 없이 상하였거늘, 내가 그 광경을 보다가 하도 불쌍한 마음이 나서 그 사람에게 이렇게 말하였다.

"여보, 그 소를 좀 단단히 잡아서 사방으로 가지 못하게 하고 꼭 길로만 몰아가면 저러한 봉변이 없겠다" 한즉 그 사람은 비悲감한 목소리로 대답하되, "그러면 오죽이나 좋으리까마는 그렇지 못할 형편이옵나이다. 제가 본래에 이 소를 길들이지 못하고 모든 권리를 전부 소에게 맡겼더니, 지금 와서는 사람은 늙어서 점점 약해지고 소는 무장 힘이 강하고 성질이 궂어지니, 아무리 하여도 이제는 제어할 능력은 없고 다만 죽는 날까지 이러하다가 죽겠습니다." 하고 슬프게 통곡하더라.

또 오늘 그대의 올 때에도 본즉 그대도 소를 타고 왔었는데, 그 소를 어느 곳에 누었느냐?

적벽 : "예, 방금 타고 있습니다."

선생 : "그러면 그 소의 형체가 어떻게 생겼느냐?"

적벽 : "키는 제 길[장丈]로 한 길이요, 빛은 흰빛이요, 신履은 삼신을 신고, 수염은 혹 흰 수염도 있고 혹 검은 수염도 있습나이다."

선생 : 웃으시며 말씀하시되, "그대가 소를 알기는 옳게 알았다. 그러면 소가 그대의 하자는 대로 하는가? 그대가 소의 하자는 대로 하는가?"

적벽 : "소가 저의 하자는 대로 하나이다. 만약 상당相當한 일에 소가 나심懶心을 내어 하기 싫어하면 제가 호령하여 아무쪼록 그 일을 하도록 하오며, 또는 부당한 일에 소가 동하려 하오면 제가 호령하여 아무쪼록 그 일은 하지 못하도록 하나이다."

선생 : "그대는 소 길들이는 법도 알았다." 하시더라.

〈송도성 수필, 대종사 법설집 2〉

34

재가在家와 출가出家

오창건은 영광에서 변산 봉래정사로 내왕하며 소태산 대종사를 시봉했던 선진으로, 지게를 지고 줄포장에서 쌀 등 생필품을 조달하기도 했다. 그래서 제1대1회 기념총회 시 봉래정사 시봉역할에 따라 김남천과 함께 오창건은 지게를 지고 기념촬영을 했던 것이다.

익산총부 건설 이전인 소태산 변산 주석시절에 전무출신의 출가제도가 구상되었던 것 같고, 오창건 선진은 봉래정사 시봉시절에 출가를 다짐했던 것으로 보인다. 본문에서 오창건 선진이 와서 소태산 대종사를 뵈었다는 장소는 봉래정사로 여겨진다.

오창건이 와서 선생을 뵈옵거늘

선생이 물어 가라사대, "자네는 그간 재가하여서 공부를 잘 하였는가?"

창건이 대왈對曰 "잘 하지 못하였나이다."

선생이 다시 물으시되, "어찌하여 잘 하지 못하였는가?"

창건이 고하되, "집에 있어 본즉 자연히 마음이 번잡하여지고 정신이 끄달려서 조금이라도 넉넉하고 너그럽게 안심을 하지 못하겠으므로 작일昨日 3·6일 회석會席에서 제형諸兄과 더불어 공부할 방침을 상의하여 본즉 다 말하되, '참으로 공부를 하기로 하면 결코 재가하여서는 되지 못할 것이요, 출가를 하여야만 한다.' 하기로 소자는 기어이 출가를 하기로 작정하였더니, 향일向日[지난 번] 김광선 형에게 듣사온 즉 선생님이 하서下書하였으되, '지금은 아직 모든 형편이 미비하니 너희는 출가할 생각을 두지 말고 집에서 안심하고 공부하라' 하셨다 하여서 유예猶豫하고 결단치 못하였나이다."

선생이 가라사대, "이는 자네 자심自心으로 처결할 바이요, 다른 사람의 말에 의지하여 따라가지 못할 일이로다. 자네가 마땅히 생각하여 보아서 집에서라도 능히 안심安心하여 공부를 하겠으면 집에서 하는 것이요, 집에서는 마음이 모든 일에 끄달려서 도저히 공부를 하지 못하겠으면 출가하여 지내도 보아서, 이리하고 저리하는 것이 자네가 자네의 일을 생각하여 보아서 아무쪼록 공부를 성취할 방편으로 할 것이요, 실로 재가하고 출가하는데 공부를 하고 못 하는 정한 규칙이 아니거늘, 자네- 이렇게 말하니 자네는 항상 자심自心의 연구와 예산은 도무지 없고 다른 사람의 바람에 흔들려 다니는 사람이 아닌가. 내가 비록 자네의 선생이로되 다만 공부하는 길만 가르쳐 줄 뿐이요, 재가 출가하는데 대하여서는 관계치 못하겠네." 하시더라.

〈송도성 수필, 대종사 법설집 2〉

35

상덕上德과 하덕下德

정산 종사는 '영산에 와서 소태산 대종사와 형제지의를 사제지의로 고쳐 맺은 후 정심요결'을 올렸던지 또는 소태산 대종사가 변산입산 시에 올렸을 것이다.

정심요결은 정산 종사가 덕천 손바래기 강증산 본가에서 얻은 책으로, 강증산이 어떠한 인연으로 구해서 읽어보고 서재의 천장을 뜯고 그곳에 넣어 봉하면서 외동딸 강순임에게 적임자를 만나면 건네라고 한 책이다.

이 책의 저본은 '영보국정전편'으로 소태산은 여기에 '영보정관경' '상청정경' '통고경' '대통경'을 더하여 봉래정사에서 이춘풍에게 한글로 번역토록 하며, 이를 '정정요론'이라 이름하여 최초의 초기교서인 '수양연구요론'에 편입된다.

이런 제반 상황으로 보아 아래의 법문은 봉래정사에서 나누었던 법문으로 여겨지며, 특히 대소유무 시비이해가 등장하는 것을 유의해야할 것이다. 변산 봉래정사 시절에 대소유무와 시비이해의 정의가 보편적으로 사용되고 있는 것을 알 수 있는 대목이다.

선생이 문정규를 명하사 정심편正心篇[정심요결 또는 정정요론]을 낭독할 새, 중편中篇[常淸靜經] '상덕上德은 덕德을 쓰되 덕德이 덕德이다 하는 데에 착着함이 없고, 하덕下德은 덕을 쓰면 덕이 덕이다 하는데 착着한다.' 하는 말씀에 이르러서

선생이 좌우 제자에게 물으시되,

"어떠한 덕이 상덕이며, 집착함이 없는 덕인고?" 하시거늘,

오창건이 대왈對曰 "상덕이라 하는 것은 대소유무大小有無와 시비이해是非利害를 알아 가지고 모든 용처用處에 당하여 마땅하게 처리함이요, 집착함이 없다 하는 것은 덕을 쓴다, 쓰지 않는다 하는 데에 끌리지 아니하고 다만 자기의 행할 일만 행하여 가는 것이옵나이다."

선생이 다시 물으시되,

"어떠한 덕이 하덕이며, 집착함이 있는 덕일꼬?" 하시니,

창건 — 다시 답하되, "하덕이라 하는 것은 시비이해와 대소유무를 알지 못하고 모든 용처에 당하여 아무 생각 없이 다만 덕을 쓴다 하는 데에 끌려 다니나니, 이것을 가로되 집착이라 하나이다."

〈송도성 수필, 대종사 법설집 2〉

36

운수運數의 공덕

송적벽의 관심사를 알 수 있는 법문으로, 소태산은 주문과 도통과 운수를 추구하는 관심을 인정하고 수용하면서도 이를 끝내 인도상 요법의 운수와 세상으로 돌리고 있다. 이 법문은 변산 봉래정사 시절에 송적벽과 주고받은 법문으로 헤아려진다.

송적벽이 선생에게 고하되,

"지금 모든 교회가 사방에 현발現發하여 유불儒佛의 공부는 한정이 없다 하고, 주문을 읽으면서 하는 말이 '우리 공부는 하루 밤에 도통하고 또한 좋은 운수가 돌아오면 세상 것이 우리 것이라' 이러하오니 혹 그리되는 수도 있습나이까?" 하니,

선생이 답하여 가라사대, "그 말이 옳다." 하시고 연하여 말씀하시되, "속速한 공부하는 사람이 더디되는 공부에도 들어가고, 운수를 바라고 세상을 취하는 사람이 운수도 돌아오고 세상사도 밝아지나니라." 하시고 또 가라사대, "유불儒佛의 공부라 하는 것은 소금도 같고 물도 같나니라. 소금이라 하는 것은 짜고, 물이라 하는 것은 담담淡淡한 것이라. 이 두 가지를 말하면 이같이 별맛은 없으나 사람이 먹지 아니하면 곧 죽나니라. 만일 사람이 이

두 가지를 버리고 다른 물건을 취하다가 그 물건을 알고 보면 소금과 물을 다시 찾을지라, 다시 찾고 보면 소금과 물의 맛을 알고 순수와 세상을 보리라." 하시더라. 〈송도성 수필, 대종사 법설집 2〉

37

나의 앞에 당하지 아니한 일은 쉬운 것 같나니라

문정규는 전주 고사동에서 한약방을 했던 사람으로 김남천, 박호장과 친구이다. 원기5년(1920) 58세 때 친구 송적벽의 인도로 변산을 찾아 소태산의 제자가 된다. 이후 문정규는 전주에서 변산 봉래정사에 매달 두세 차례 내왕하여 한번 오면 사나흘씩 머물며 소태산의 법설에 환희용약한다.

아래의 법문은 익산총부 건설 이후의 법문일 가능성도 있으나, 소태산의 호칭을 선생으로 하는 걸 보면 호칭이 제도화되기 이전인 변산 봉래정사 시절의 법문으로 헤아려진다.

문정규가 선생을 뵈옵고 고하되, "향일向日[지난 번]에 제가 박호장의 집에 간즉 그날이 마침 호장의 아들 소상小祥이온 바 호장이 너무 슬퍼하고 마음을 과도히 상하더이다."

선생이 가라사대, "천륜天倫이 지중하니, 그와 같이 슬퍼하는 것이 예사로다." 하시니, 정규 다시 고하되, "저의 뜻에는 불가하옵더이다. 공부하는 사람이 그같은 쓸데없는 일에 마음을 상하고 정신을 잃어버리니, 어찌 미친 짓이 아니오니까?" 하거늘, 선생이 정규에게 물으시되, "그러면 그대가 그러한 경우를 당하여도 마음에 조금도 비창悲悵함이 없겠느냐?" 하시니, 정규 대왈對曰 "저는 그러한 일에는 조금도 슬퍼하지 아니하겠습니다." 하거늘, 선생 "참으로 그러하겠느냐?"고 3,4차를 물으시니, 정규 3,4차를 다짐하여 올리다.

선생 : "혹 내가 불행한 일이 있으면 어쩔꼬?"

정규 : "만약 선생님께서 그러한 불행이 있으면 제가 이 세상에 감내하여 살지 못하겠습니다." 하고 물러가다.

그런 후 수년을 지내매, 정규의 아들 한 명이 무슨 일로써 법률에 관계되어 20여일동안을 구류에 처하였더니, 정규 드디어 근심으로써 먹는 것이 달지 아니하며, 밤으로 잠을 이루지 못하고 항상 그 처소에 내왕하여 자주자주 눈물을 흘려 슬퍼하더라.

그 후에 선생님을 뵈옵고 고하되, "무슨 일이든지 다른 사람의 일을 보기와 제가 직접으로 당하여 보는 일이 판이함을 이제야 깨달았습니다. 소자가 전일에 박호장의 말로써 선생님께 망령妄佞되게 고한 것이 생각할수록 황송하옵나이다." 하고 그 말로써

고하니, 선생이 가라사대,

"그대의 깨달음이 옳도다. 범상한 사람이라 하는 것은 제 앞에 당치 아니한 일은 그와 같이 쉽게 알고, 쉽게 말하여 세상에 경박한 자 되나니, 그대가 이미 그 뜻을 알았거든 명심하여 두고 항상 조심하라." 하시더라. 〈송도성 수필, 대종사 법설집 2〉

38

사모思慕의 경중輕重

대종경 신성품 9장의 법문은 봉래정사 시봉자인 문정규·송적벽 등에게 하신 법문이기에 봉래정사 시절의 법문으로 여겨진다.

대종사, 제자들에게 물으시기를 "그대들이 나를 오랫동안 보지 못하면 보고 싶은 생각과 가까이 있고자 하는 마음이 얼마나 간절하던가?" 제자들이 사뢰기를 "심히 간절하더이다." 대종사 말씀하시기를 "그러하리라. 그러나 자녀가 아무리 효도한다 하여도 부모가 그 자녀 생각하는 마음을 당하기 어렵고, 제자가 아무리 정성스럽다 하여도 스승이 그 제자 생각하는 마음을 당하기 어려우리니, 만일 제자가 스승 신봉하고 사모하는 마음이 스승

이 제자 사랑하고 생각하는 마음의 반만 되어도 가히 그 법이 건네게 되리라." 〈『대종경』 신성품 9장〉

◎ 선생이 문정규·송적벽 등에게 일러 가라사대, "군君 등이 나를 오래 보지 못하면 보고 싶은 생각과 오고자 하는 마음이 어떠하더냐?" 하시니, 두 사람 대답하되, "심히 간절하옵더이다." 선생이 말씀하시되, "그러하리라. 저러한 금수도 저에게 가까운 것을 사랑하고 두호할 줄을 알거든 하물며 만물지중萬物之中에 최령最靈하다는 사람이며, 사람 중에도 서로 법으로 맺은 의리義理가 지중한 우리의 처지겠느냐. 그러나 세상에 남의 자식된 자— 비록 효성孝性있다 하나, 부모의 자애慈愛만 같지 못한 것이며, 제자가 아무리 선생을 생生사모한다 할지라도 그 선생이 제자 생각하는 마음을 따라가지 못하나니, 만약 제자가 선생을 사모하는 마음이 선생이 제자를 생각하여주는 마음의 반분半分만 되고 보면 가히 날을 한정하고 공부를 성취하리라." 하시더라.

〈송도성 수필, 대종사 법설집 2〉

39

나래와 새끼

한 제자는 김남천으로 봉래정사 시절의 법문으로 여겨진다.

한 제자가 도량의 초가지붕을 이면서 나래만 두르고 새끼는 두르지 아니하는지라, 대종사 말씀하시기를 "밤사이라도 혹 바람이 불면 그 이어 놓은 것이 허사가 아닌가?" 하시었으나, "이 지방은 바람이 심하지 아니하옵니다." 하며 그대로 두더니, 그날 밤에 때아닌 바람이 일어나 지붕이 다 걷혀 버린지라, 그 제자 송구하여 어찌할 바를 모르며 "대종사께서는 신통으로 미리 보시고 가르쳐 주신 것을 이 어리석은 것이 명을 어기어 이리되었나이다." 하거늘, 대종사 말씀하시기를 "이번 일에는 그 든든하고 떳떳한 길을 가르쳐 주었건마는 그대가 듣지 아니하더니, 이제는 도리어 나를 신기한 사람으로 돌리니 그 허물이 또한 더 크도다. 그대가 나를 그렇게 생각한다면 그대는 앞으로 나에게 대도 정법은 배우지 아니하고 신기한 일만 엿볼 터인즉, 그 앞길이 어찌 위태하지 아니하리오. 그대는 곧 그 생각을 바로잡고 앞으로는 매사를 오직 든든하고 떳떳한 길로만 밟아 행하라."

〈『대종경』 실시품 30장〉

김남천金南天이 교중의 지붕을 일새 나래만 두르고 새끼는 두르지 아니하거늘 대종사 말씀하시기를 "밤 사이라도 혹 바람이 불면 그 이어 놓은 것이 허사가 아닌가" 하시었으나 "이 지방은 바람이 심하지 아니하옵니다." 하며 그대로 두더니, 그날 밤에 때 아닌 바람이 일어나 지붕이 다 걷혀 버린지라, 남천이 송구하여 어찌할 바를 알지 못하며 "대종사께서는 신통으로 미리 보시고 가르쳐 주신 것을 이 어리석은 것이 명을 어기어 이리 되었나이다." 하거늘, 대종사 말씀하시기를 "이번 일에는 그 든든하고 떳떳한 길을 가르쳐 주었건마는 그대가 듣지 아니하더니, 이제는 도리어 나를 신기한 사람으로 돌리니 그 허물이 또한 크도다. 그대가 나를 그렇게 생각한다면 그대는 앞으로 나에게 대도 정법은 배우지 아니하고 신기한 일만 엿볼 터인즉, 그 앞길이 어찌 위태하지 아니하리요. 그대는 곧 그 생각을 바로잡고 앞으로는 매사를 오직 든든하고 떳떳한 길로만 밟아 행하라."

〈『대종경선외록』 원시반본장 20절〉

40

봉래정사 시절 추정법문

소태산의 변산 주석시기의 법문은 주산 송도성의 수필로 상당 부분 기록된다. 이 중 소태산 대종사를 '선생님'으로 호칭하고 있는 법문은 아마도 호칭이 정립되는 익산 총부 이전 시기인 봉래정사 시절의 법문으로 여겨진다. 또한 법문에 봉래정사 시봉진이 등장하면 더욱 개연성이 높아질 것이다.

1) 남을 제도하는 방법

아래의 법문은 전주 고사동에서 약방을 했던 문정규가 한 달이면 두세 차례 봉래정사를 내왕했던 시기로 추정된다.

선생이 문정규에게 이르시되, "그대들은 남을 제도濟度코자 하나 제도하는 방법을 알지 못하는 고로 제도가 되지 못하나니, 그 묘방을 듣고자 하느냐?"

정규ㅡ대답하되, "원하옵나이다. 가르쳐 주시기를 원하옵나이다."

선생님께서 말씀하시되, "제도에 능한 사람은 사람을 사귀되, 저 사람의 성질을 보아서 그 성질을 좇아주는 사이에 그 성질을 고치나니라. 만약 강연이 저 사람의 뜻을 거슬려서 나의 하고 싶은 대로만 하면 나를 좇는[從] 자 드무나니, 어디 가서 어떠한 사람을 제도하겠느냐. 정규여 그대에게 절실히 이르나니, 물론 어떠한 사람을 대하든지 항상 이 말을 깊이 명념銘念하라." 하시더라.

〈송도성 수필, 대종사 법설집 1〉

2) 타인이 허물을 보고 자신의 행실을 살피라

대종경 인도품 36장의 법설처는 봉래정사 또는 익산총부일 것이다. 다만 여기서 소태산의 호칭을 선생님으로 한 것으로 보아 아마도 봉래정사 시기의 법문으로 추정된다.

대종사, 무슨 일로 김남천을 꾸짖으시고, 문정규에게 말씀하시기를 "내가 남천을 꾸짖는 것이 남천에게만 한한 것이 아닌데 정규는 어떻게 생각하는가. 내가 어떤 사람을 꾸짖든지 정규는 먼저 정규의 행실을 살펴보아서 그러한 일이 있으면 고칠 것이요, 없으면 명심하였다가 후일에도 범하지 않기로 할 것이며, 결코 책망 당하는 그 사람을 흉보거나 비웃지 말라. 어리석은 사람은 남의 허물만 밝히므로 제 앞이 늘 어둡고, 지혜 있는 사람은 자기의 허물을 살피므로 남의 시비를 볼 여가가 없느니라."

〈『대종경』 인도품 36장〉

◎ 어느 때에 선생님께서 무슨 일로 김남천을 꾸짖으시고[責], 문

정규를 돌아보시며 말씀하시되, "내가 남천이를 책責하는 것이 비단 남천이 하나에게만 한한 바 아니거늘 정규는 어떻게 생각하느냐? 내가 어떠한 사람을 책하든지 간에 정규는 먼저 정규의 앞을 더듬어서 나도 저러한 과실이 있나 보고, 있으면 곧 금강이金剛利한 칼로 끊어 버릴 것이며, 만약 없거든 마음 가운데 깊이 인상하여 후일에도 범하지 아니하기로 할 것이니라. 그리고 책망 당하는 그 사람을 조금도 흉보고 비웃지 말라. 어리석은 사람은 남의 과실을 밝힘에 저의 앞이 어둡고, 지혜 있는 사람은 자신에 허물을 밝히는 고로 남을 살필 여가가 없나니라." 하시더라.

〈송도성 수필, 대종사 법설집 1〉

3) 소원과 실행은 부동不同

대종사 말씀하시기를 "사람이 누구나 이로운 일을 원하나 하는 바는 해로울 일을 많이 하며, 부귀하기를 원하나 빈천할 일을 많이 하며, 찬성 받기를 원하나 조소 받을 일을 많이 하여, 마음에 원하는 바와 몸으로 행하는 바가 서로 같지 못한 수가 허다하나니, 이것이 다 고락의 근원을 알지 못하는 연고이며, 설사 안다 할지라도 실행이 없는 연고라. 그대들은 이 원인을 깊이 생각하고 밝게 판단하며 그 실행을 철저히 하여 항상 그 원하는 바와 행하는 바가 서로 모순되지 않게 하라. 그리하면 모든 일이 다 뜻대로 성취되리라."

〈『대종경』 인도품 39장〉

◎ 선생이 모든 제자에게 말씀하시되, "내가 여러 사람을 지내 보니, 원하는 바는 모든 일을 알기를 좋아하나 이치 없는 법을 취하여 잡으며, 또는 원하는 바는 이로운 것을 좋아하나 해로운 것으로써 주장하며, 또는 원하는 바가 찬성 받기를 좋아하나 찬성 받지 못할 일로써 주장하는 자 많다." 하시더라.

〈송도성 수필, 대종사 법설집 2〉

4) 불원不願커든 막권莫勸하라

학도 한 사람이 어떠한 사람을 권하여 도道를 배우라 하니 그 사람이 듣지 아니함에, 학도 자주 내왕하며 말하고 자기의 공부하는 정신이 그리 끌린다 하거늘,

선생이 이에 경계하여 가라사대, "남의 원치 않는 일을 권면치 말지어다. 권면할 때에는 선善한 마음으로 저 사람을 생각하여서 권면하였지마는 그 사람이 듣지 아니하는 때에는 도리어 악이 되나니라. 우선 네 마음을 촌도忖度하여 보라. 네가 듣기도 싫고, 보기도 싫고, 하기도 싫은 일을 다른 사람이 강제로 누차 권하면 너의 마음에 그 권함이 반갑겠느냐. 반갑기는 고사하고 도리어 진심嗔心이 일어날 터이니, 진심이 일어나고 보면 곧 저 사람과 원수가 되리라." 하시더라. 〈송도성 수필, 대종사 법설집 2〉

5) 대용大用과 소용小用

하루는 선생이 송도성에게 일러 가라사대, "네가 희로애락의 대소大小를 아느냐?"

대왈對曰 "알지 못하나이다."

선생이 가라사대, "대범 희로애락이 대소가 있으니, 대大자라 하는 것은 대소유무大小有無와 시비이해是非利害를 알아가지고 당연한 일에 쓰는 것이요, 소小자라 하는 것은 대소유무와 시비이해를 모르고 쓰는 데 조백皂白이 없는 것이니라. 또는 재주로도 대소大小가 있거늘 사람마다 작은 재주를 원하고, 사귀는 법도 대소가 있거늘 사람마다 소중小衆을 사귀고, 욕심으로도 대소가 있거늘 사람마다 작은 욕심을 내나니, 만약 작은 것 행하는 마음으로써 큰 것을 취하면 큰 것도 가히 이루리라." 하시고, 또 가라사대,

"의심疑心도 상당相當한 의심도 있고 부당不當한 의심도 있으며, 분심忿心도 상당한 분심도 있고 부당한 분심도 있거늘 사람들은 흔히 그 부당한 것을 취하여 스스로 멸망에 이르나니, 어찌함으로 그 이로움은 놓고 해로움만 취하는고. 이는 다 배움과 연구가 없는 소치이니라. 그런고로 사람마다 영생을 원하고 요사夭死하기를 싫어하나 수명의 근본을 연구하지 아니하고, 사람마다 빈천을 괴로워하고 부귀를 부러워하나 복록의 근본을 연구하지 아니하고, 사람마다 세상만사를 통해 알고자 하나 만사의

근본을 다스리지 아니하고 기타 모든 일에 재앙과 곤란된 일을 피하고자 하나 참으로 액厄 면할 계책을 내지 아니 하나니라." 하시더라. 〈송도성 수필, 대종사 법설집 2〉

6) 교인란教人難

선생이 모든 제자들에게 일러 가라사대, "내가 홀로 있을 때에는 사방으로 자유자재하여 조금도 막히고 걸림이 없더니, 제군을 만난 이후부터 나의 몸과 마음을 전全히 제군에게 구속하였노라. 그러므로 나는 혹 하고 싶은 일이 있으나 제군을 위하여 하지 아니하며, 혹 하기 싫은 일이 있으나 제군을 위하여 행하며, 혹 하고 싶은 말이 있으나 제군을 위하여 말하지 아니하며, 혹 하기 싫은 말이라도 제군을 위하여 부득이 말하고, 이리저리 하는 것이 여러 가지 형편과 제군에게 이해利害됨을 생각하여 함이요, 조금도 나에게 임편任便하고 마땅한 데로만 좇아가지 못하노라." 하시더라. 〈송도성 수필, 대종사 법설집 2〉

7) 지도자知道者 선의鮮矣

하루는 선생이 제인諸人에게 일러 가라사대, "세상에 가장 드문 것은 도인道人이라. 내가 일찍이 도인이 세상에 많은 줄 알고 어찌하면 도인을 만나 무궁한 법술法術을 배워 볼까 하고 사방으로 방탐訪探하였으되, 도인을 하나도 보지 못하였더니, 지금에 본즉 도道를 아는 사람이 실로 드물도다. 제군은 이 말을 들어 두었다가 참 소견이 난 뒤에 생각하여 보라. 반드시 이 뜻을 알리라." 하시니라. 〈송도성 수필, 대종사 법설집 2〉

8) 훼예毁譽간의 소지所持

선생이 문정규에게 말씀하시되, "그대에게 지식知識이 넓어지고 행동에 유익할 필요한 방법을 말할 터이니, 자상히 들어보라. 내가 혹 무슨 일로써 그대를 책責한다든지 기타 어떠한 사람이든지 그대를 나무라거든 그대는 마땅히 그 나무람을 듣고 두려워하지도 말고 노하지도 말고, 정신을 정지停止하여 그 나무라는 까닭을 알아 가지며 또는 그대를 찬성讚成하는 경우를 당하거든 그대는 마땅히 찬성 받음을 기뻐하지도 말고 부끄러워하지 말고, 다만 정신을 정지하여 그 찬성하는 까닭을 알아 가지면 지식과 행동이 날로 달라져서 모든 일이 변하리라." 하시고, 또 이어 말씀하시되, "이 세상의 범상한 사람이라 하는 것은 아무 생각 없이 저를 찬성하면 부지불식不知不識간에 입이 빙그레 웃어지고, 조금이라도 저를 나무란 즉 듣기 싫어하여 친근하다가도 자연히 멀어지나니, 어찌 어리석지 아니하리요. 그러나 그것은 인지상정人之常情이라, 그런 일을 전문적으로 공부한다는 사람까지도 그러하거든 하물며 배움이 없는 사람이야 말할 것이 무엇 있느냐." 하시더라. 〈송도성 수필, 대종사 법설집 2〉

41

그 외 법문

1) 서중안[상인]의 입교

대종사 부안 변산扶安邊山에 들어가시어 4년 동안 회상 열만한 준비를 대략 마치시고 장차 하산下山의 시기를 기다리시었다. 하루는 김제金堤 사람 서상인[徐相仁:中安]이 그 형의 인도로 와서 뵈었다. 대종사 말씀하셨다. "그대는 무슨 뜻이 있어서 이 같은 험로를 불고하고 왔는가." 상인이 사뢰었다. "스승님의 도덕이 높으시다는 말씀을 듣사옵고 도덕을 배워서 가장 높은 사람이 되고자 왔나이다." 대종사 말씀하시었다. "이 세상인심이 거의 다 신기 묘술을 원하거늘 그대는 도덕을 말하니 다행히 나와 장구한 인연이 되리로다. 그대의 형제는 이미 세상에서 의공醫功으로써 이름이 있다 하니 나의 도덕을 진실하게 공부하여 만 생령의 마음병까지 고치는 양의良醫가 되라. 그러기로 하면 나의 가르침에 절대 복종할 것이요, 따라서 어떠한 괴로움이 있다 하여도 항거抗拒와 계교를 두지 말라." 〈『대종경선외록』 사제제우장 17절〉

[‘『대종경』(13품) 기연품 1. 서중안의 기연’ 참고]

2) 회상공개 준비

상인이 즉석에서 옛 인연을 깨닫고 돌아가신 부모를 새로 만난 듯 흐느껴 울며 대종사보다 열살이나 연상임에도 불구하고 영부靈父로 모시기를 애원하였다. 대종사 허락하시니, 상인이 사뢰었다. "이 곳은 도로가 험난하고 장소가 협착하옵니다. 교통이 편리하고 장소가 광활한 곳을 택하여 도량을 정하시고 여러 사람의 전도를 널리 인도하심이 시대의 급무일까 하나이다." 대종사 때가 온 것을 짐작하시고 말씀하시었다. "내가 세상에 나가기는 어렵지 아니하나 그대가 그 일을 감당하겠는가." 상인이 사뢰었다. "소자 비록 물질이 많지 않고 정성이 부족하오나 능히 담당하겠나이다." 대종사 드디어 허락하시고 이로부터 정식으로 회상 여실 준비를 시작하시었다. 〈『대종경선외록』 사제제우장 18절〉

[‘『대종경』(13품) 기연품 5. 서동풍 형제의 기연’ 참고]

3) 석두암과 한 여인

대종사 석두암石頭庵에 계실 때 한 여인이 와서 "저 같은 여자의 몸으로도 남자 제자와 같이 대성현을 모시고 자 볼 수 있나니까." 모시고 있던 제자들이 그 온당치 못함을 꾸짖으려 하니 대종사 시자들을 향하여 말씀하시었다. "저 여인의 원이 지극하니 너희들 자는 옆에 하룻밤 재우라." 〈『대종경선외록』 자초지종장 5절〉

4) 정산종사의 신심

다음 달에 대종사께서 정산종사를 부안 변산 월명암에 보내시며 말씀하시기를 "불경은 보지 말라" 하시었더니, 경상經床까지 외면하고 보지 아니하시며, 그 후 다시 진안 만덕산에 보내시며 말씀하시기를 "전주에는 들르지 말라" 하시었더니, 전주를 바라보지도 아니하고 지나시니라. 후일, 학인에게 말씀하시기를 "내 일찍 대종사께 물건으로 바친 것은 하나도 없으되 정情과 의義에 조금도 섭섭함이 없었노니, 마음으로 한 때도 그 어른을 떠나 본 일과 일로 한 번도 그 어른의 뜻을 거슬려 본 일이 없었노라."

〈『정산종사법어』 기연편 4장〉

참고문헌

- 『원불교 교사』
- 『대종경』
- 『대종경선외록』
- 『대종경(13품, 필사본 抄錄)』, 원불교역사박물관, 2019.
- 「월말통신」·「월보」(『원불교교고총간』 1권),
  「회보」(『원불교교고총간』 2, 3권), 원불교정화사, 1968.
- 『대산종사수필법문』(증보판), 원불교출판사, 2020.
- 『대산종사법문집』 제3집, 원불교출판사, 1988.
- 송규, 『불법연구회창건사』
- 송도성, 『대종사약전』
- 이춘풍, 『산중풍경』
- 박정훈, 『한울안한이치에』, 원불교출판사, 1982.
- 박정훈, 『정산종사전』, 원불교출판사, 2002.
- 김중묵, 『인과의 세계』(수정증보판), 동남풍, 2003.
- 박용덕, 『돌이 서서 물소리를 듣는다』,
  원광대학교 중앙도서관, 원불교자료실, 1999.
- 박용덕, 『정산종사 성적을 따라』, 원불교출판사, 2003.

- 박용덕, 『대장부(개정판)』, 원불교출판사, 2003.
- 서문 성, 『대종사님을 찾아 떠나는 성지여행』, 삼동윤리, 1996.
- 서문 성, 『원불교 예화집』, 원불교출판사, 2010.
- 서문 성·문향허, 『원불교 초기교단예화모음』, 동남풍, 2004.
- 서문 성, 『천하 구원의 그물을 짜다』, 원불교출판사, 2020.
- 이제룡 엮음, 『원각성존소태산대종사 수필 법문집』, 원불교 대학원대학교 교화정책연구회.
- 방길튼, 『소태산대종사 마음따라』(변산성지순례기도집 개정판), 원불교출판사, 2017.

변산 바위가 드러날 때
도인이 콩 튀듯이 나오리라

『변산전』은 '원불교 변산성지순례기도집' 『소태산 대종사 마음따라』를 이야기 형식으로 각색한 것이다.

필자는 원기104년(2019) 후반부터 원기105년(2020) 초까지 '원불교대장간'이라는 공부 모임에서 몇 개월간 《원불교전서》 중 『원불교교사』를 강의하였다. 특히 교강백주년을 맞이하여 경축하는 마음으로 변산 제법 시기 소태산 대종사의 행적과 법문을 세심하게 공부하였으며, 또한 모임을 같이 했던 분들과 함께 변산성지를 순례하는 과정에서 감동과 기쁨을 공감하였다.

이러한 일련의 과정에서 변산과 기연한 소태산의 행적과 법문을 이야기 형식으로 쓰고 있다는 말에 『원불교교사』 공부 참

여자들이 십시일반十匙一飯의 후원을 자처했고, 특히 서초교당 수타원 박인경 교도님은 작은 정성이라며 두어 차례 별도로 출판 경비를 보태주셨다. 참으로 작은 돌을 쌓는 정성이기에 필자에게는 아련하게 스며드는 고마움이었다.

언젠가는 소태산 대종사의 변산 행적과 법문을 이야기 형식으로 만들고 싶었던 차에, 원기105년(2020) 교강백주년을 맞이하여 글을 쓸 동기와 동력을 얻게 된 셈이다.

『변산전』을 출판하자며 십시일반으로 후원해 주신 정성을 거듭 마음에 새겨 본다.

수타원 박인경 교도님과 故 함수지, 윤명화 교무, 류종은 교무, 조수원 정토, 장은서 정토, 윤경화 정토, 최은주 정토, 황원주 정토, 천지원 교도, 김문성 교도에게 두 손 모아 감사드린다.

또한 상투머리에 검은 턱수염과 정자관을 쓰신 변산 시절 석두 거사 소태산의 모습[재현사진]을 만들어 준 김여진 교도와 유튜브에 '영상 『변산전』'을 제작하여 열과 성을 다해 올려준 박근삼 교무[유튜브 '원불교주유소' 운영자]에게도 이 자리를 빌려 감사의 인사를 전한다.

끝으로 책을 내는데 여러모로 도움을 준 원불교출판사와 책임자인 소산 주성균 교무에게도 감사드린다.

소태산 대종사는 "변산 바위가 드러날 때 콩 튀듯이 도인이 나온다."라고 전망하셨다. 변산 바위가 드러난다는 것은 소태산, 당신의 교법인 사은사요 삼학팔조를 실현하라는 뜻일 것이니라.

소태산 대종사께서 사은사요 삼학팔조의 교리 강령教綱을 발표하신 지 100주년을 맞이하는 이때, 우리 모두 이 교강教綱으로 단련하여, 소태산의 법 줄에 맞는 공부인이 무수히 나오길 희망한다.

길산 방길튼 합장

소태산, 변산 행적과 말씀

변산전

인쇄일 2020년 7월 24일 초판 1쇄 인쇄
발행일 2020년 7월 31일 초판 1쇄 발행

글쓴이 방길튼

펴낸곳 원불교출판사
펴낸이 주영삼
출판등록 1980년 4월 25일(제1980-000001호)
주소 54536 전라북도 익산시 익산대로 501
전화 063)854-0784
팩스 063)852-0784
홈페이지 www.wonbook.co.kr
인쇄 문덕인쇄

ISBN 978-89-8076-358-0(03200)
값 15,000원

이 책에 사용된 본문 글씨는 '원불교 한동근체'를 사용하였습니다.